이번엔
영어다!

순위

왕 초 보
패턴100

0순위·왕초보 패턴 100

초판 1쇄 발행 2019년 7월 22일
초판 4쇄 발행 2022년 12월 22일

지은이   박신규
발행인   임충배
홍보/마케팅   양경자
편집   김인숙
디자인   정은진
펴낸곳   도서출판 삼육오 (PUB.365)
제작   (주)피앤엠123

출판신고 2014년 4월 3일
등록번호 제406-2014-000035호

경기도 파주시 산남로 183-25
TEL 031-946-3196 / FAX 031-946-3171
홈페이지   www.pub365.co.kr

ISBN 979-11-90101-07-3 [12740]
© 2019 박신규 & PUB.365

이번엔
영어다!

박선규 지음

0순위·왕초보 패턴100

::::: Pub.365

100패턴 마스터 plan

1일 .... 패턴!
.... 일이면 100패턴 마스터!

공부한 패턴을 표시해 보세요.

001	002	003	004	005	006	007	008	009	010	011	012	013	014	015	016	017	018	019	020
021	022	023	024	025	026	027	028	029	030	031	032	033	034	035	036	037	038	039	040
041	042	043	044	045	046	047	048	049	050	051	052	053	054	055	056	057	058	059	060
061	062	063	064	065	066	067	068	069	070	071	072	073	074	075	076	077	078	079	080
081	082	083	084	085	086	087	088	089	090	091	092	093	094	095	096	097	098	099	100

당신을 응원합니다.

공부한 패턴을 표시하다보면 어느새 100패턴 마스터!
영어를 접근하는 방법부터 다른 0순위 왕초보 패턴 영어로
여러분의 어려움을 해결해보세요!
당신의 영어 학습에 도움이 되도록 언제나 함께하겠습니다.

오랫동안 현장에서 영어 강의를 하고 있는 강사입니다. 기초부터 고급까지 다양한 주제로 강의합니다. 그러면서 늘 똑같은 고민을 합니다. '영어를 좀 더 쉽게 배울 수 없을까?' 입니다. 사실은 딱히 뭐라고 꼬집어서 대답하기가 힘듭니다. '열심히 하는 수밖에는 없구나?' 혼자 생각해봅니다. 그러던 중 '영어 접근하는 방법을 좀 더 달리하면 어떨까?' 라는 의구심에 다른 방법으로 강의해보자! 라는 생각이 문득 들었습니다.

우리말과 영어의 어순은 완전히 다릅니다. 배열 자체가 완전 거꾸로입니다. 우리말은 동사가 문장 맨 끝에 나오기 때문에 상대방의 말을 끝까지 들어봐야 어떤 말을 하려고 하는지 파악할 수 있습니다. 하지만 영어는 주어 다음에 바로 동사가 나옵니다. 동사에서 말이 막히기 시작하면 순간 머뭇거리게 됩니다. 다시 말해서 우리말은 '나는-매일-지하철로-직장에-출근합니다' 어순처럼 말하지만 영어는 이와 반대로 '나는-출근합니다-직장에-지하철로-매일'처럼 정반대의 어순으로 말합니다. 이런 이유로 짧은 문장은 쉽게 말할 수 있는데 좀 더 긴 문장을 영어로 표현하려고 하면 머리부터 아파져옵니다.

몇 년 전부터 영어강의 스타일을 바꿨습니다. 기초적인 문장을 먼저 만들어 보고 그다음에 확장 어구를 넣어 여러 문장을 자유롭게 만들어 보도록 강의했습니다. 예전보다 편하게 문장을 만드는 모습을 직접 목격하게 되었습니다. 우리말 어순을 영어 어순처럼 학습자들에게 불러주고 우리말에 해당하는 부분에 영어표현을 넣어보는 연습을 하고 있었습니다. 그 경험을 통해 집필한 책이 바로 '이번엔 영어다! 0순위 왕초보 패턴 100'입니다.

교재는 두 개로 구성되었습니다. 첫 번째 책에서는 기초적인 문법 지식을 살려 어떻게 문장이 확장되어 가는지를 보여줍니다. 두 번째 책에서는 좀 더 많은 예문들을 접할 수 있도록 했습니다. 하나 하나씩 강의하면서 반응도 보았던 패턴들입니다. 영어 학습에 특별하고 쉬운 방법은 없습니다. 하지만 접근을 어떻게 하냐에 따라 영어 공부를 바라보는 시야가 달라질 수 있습니다.

영어회화 학습에 어려움을 겪고 있는 분들에게 이 책이 조금이나마 도움이 되었으면 하는 바람입니다. 끝으로 이런 멋진 책이 출간될 수 있도록 기회와 도움을 주신 Pub.365 출판사 사장님과 관계자 여러분께 진심으로 감사드립니다.

저자 박신규

① 보기 쉽게 가로로 학습 »

먼저 왼쪽의 우리 말만 보고 영어 문장으로 말해본 다음,
오른쪽의 패턴 대화문을 보고 따라 말해보세요.
가로로 읽으며 학습하면 패턴을 한눈에 보고 쉽게 학습할
수 있습니다.

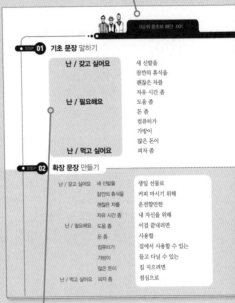

0순위 왕초보 패턴 001

STEP 01 **기초 문장 말하기**

난 / 갖고 싶어요	새 신발을
	잠깐의 휴식을
	괜찮은 차를
	자유 시간 좀
난 / 필요해요	도움 좀
	돈 좀
	컴퓨터가
	가방이
	많은 돈이
난 / 먹고 싶어요	피자 좀

STEP 02 **확장 문장 만들기**

난 / 갖고 싶어요	새 신발을	생일 선물로
	잠깐의 휴식을	커피 마시기 위해
	괜찮은 차를	운전할만한
	자유 시간 좀	내 자신을 위해
난 / 필요해요	도움 좀	이걸 끝내려면
	돈 좀	사용할
	컴퓨터가	집에서 사용할 수 있는
	가방이	들고 다닐 수 있는
	많은 돈이	집 지으려면
난 / 먹고 싶어요	피자 좀	점심으로

③ Step 1. 핵심 기초 문장 학습 »

Step 1에서 패턴의 핵심이 되는 기초
문장을 학습합니다.

≪ ② mp3와 함께 학습

패턴마다 제공되는 QR코드를 찍으면
오디오클립으로 연결됩니다.
오디오클립으로 함께 학습해보세요.
바로 듣고 바로 학습할 수 있습니다.

● I / want / 목적어 / 확장어구

pattern_001_mp3

I / want	new shoes
	a break
	a nice car
	some free time
	some help
	some money
	a computer
	a bag
	a lot of money
	pizza

	new shoes	for my birthday present
	a break	to drink coffee
	a nice car	to drive
	some free time	for myself
I / want	some help	to finish this
	some money	to spend
	a computer	to use at home
	a bag	to carry around
	a lot of money	to build a house
	pizza	for lunch

≪ ④ Step 2. 확장 어구 학습

Step 2에서는 기초 문장에 확장 어구를
더해 문장을 점차 늘려갈 수 있습니다.
말할 수 있는 표현이 풍부해집니다.

패턴 026 - 050

● STEP 01 기초 문장 말하기

난 / 갖고 싶어요	새 신발을
	잠깐의 휴식을
	괜찮은 차를
	자유 시간 좀
난 / 필요해요	도움 좀
	돈 좀
	컴퓨터가
	가방이
	많은 돈이
난 / 먹고 싶어요	피자 좀

● STEP 02 확장 문장 만들기

난 / 갖고 싶어요	새 신발을	생일 선물로
	잠깐의 휴식을	커피 마시기 위해
	괜찮은 차를	운전할만한
	자유 시간 좀	내 자신을 위해
난 / 필요해요	도움 좀	이걸 끝내려면
	돈 좀	사용할
	컴퓨터가	집에서 사용할 수 있는
	가방이	들고 다닐 수 있는
	많은 돈이	집 지으려면
난 / 먹고 싶어요	피자 좀	점심으로

I / want

new shoes
a break
a nice car
some free time
some help
some money
a computer
a bag
a lot of money
pizza

I / want

new shoes	for my birthday present
a break	to drink coffee
a nice car	to drive
some free time	for myself
some help	to finish this
some money	to spend
a computer	to use at home
a bag	to carry around
a lot of money	to build a house
pizza	for lunch

STEP 01 기초 문장 말하기

난 / 필요해요	돈이
	당신이
	충고가 좀
	시간이 좀
	여권이
	친구가
	지갑이
	여행 가방이
	휴식이
	물 한 잔이

STEP 02 확장 문장 만들기

	돈이	차 살
	당신이	지금 당장
	충고가 좀	당신으로부터
	시간이 좀	생각할
난 / 필요해요	여권이	해외여행 하려면
	친구가	나랑 어울려 지낼
	지갑이	돈 넣을
	여행 가방이	여행 가려면
	휴식이	집에서
	물 한 잔이	마실

14

pattern_002_mp3

I / need

money
you
some advice
some time
a passport
a friend
a wallet
a suitcase
a rest
a glass of water

I / need

money	to buy a car
you	right now
some advice	from you
some time	to think
a passport	to travel abroad
a friend	to hang out with me
a wallet	to put money into
a suitcase	for my trip
a rest	at home
a glass of water	to drink

• STEP **01** **기초 문장** 말하기

난 / 있어요

여자친구가
데이트가
미팅이
소개팅이
약속이
인터뷰가
돈이 좀
자유 시간이 좀
네명의 사촌이
선약이

• STEP **02** **확장 문장** 만들기

난 / 있어요

여자친구가	서울에 사는
데이트가	내 남자친구랑
미팅이	내 고객과
소개팅이	오후에
약속이	토니랑
인터뷰가	점심 후에
돈이 좀	내 지갑에
자유 시간이 좀	아침에
네명의 사촌이	캐나다에
선약이	퇴근 후에

16

I / have

a girlfriend
a date
a meeting
a blind date
an appointment
an interview
some money
some free time
four cousins
other plans

I / have

a girlfriend	who lives in Seoul
a date	with my boyfriend
a meeting	with my client
a blind date	in the afternoon
an appointment	with Tony
an interview	after lunch
some money	in my pocket
some free time	in the morning
four cousins	in Canada
other plans	after work

STEP 01 기초 문장 말하기

난 / 싶어요

운동하고
요리하고
술 마시고
자고
성공하고
결혼하고
해외여행하고
샤워하고
낮잠 자고
솔직해지고

STEP 02 확장 문장 만들기

	운동하고	내 건강 위해
	요리하고	가족을 위해
	술 마시고	저녁에
	자고	하루 종일
	성공하고	인생에서
난 / 싶어요	결혼하고	올해는
	해외여행하고	내 친구랑
	샤워하고	집에서
	낮잠 자고	잠시 동안
	솔직해지고	당신에게는

pattern_004_mp3

I / want

to exercise
to cook
to drink
to sleep
to succeed
to get married
to travel overseas
to take a shower
to take a nap
to be honest

I / want

to exercise	for my health
to cook	for my family
to drink	in the evening
to sleep	all day long
to succeed	in life
to get married	this year
to travel overseas	with my friend
to take a shower	at home
to take a nap	for a while
to be honest	with you

STEP 01 기초 문장 말하기

난 / 해요

쉬어야
운전해야
일해야
떠나야
운동해야
외출해야
식사해야
테이블 예약해야
다이어트 해야
이 근처에 있어야

STEP 02 확장 문장 만들기

난 / 해요

쉬어야	잠시 동안
운전해야	서울까지
일해야	내 사무실에서
떠나야	지금
운동해야	헬스장에서
외출해야	오후에
식사해야	내 가족이랑
테이블 예약해야	미리
다이어트 해야	내 건강을 위해
이 근처에 있어야	잠시

pattern_005.mp3

I / need

to rest
to drive
to work
to leave
to work out
to go out
to have a meal
to book a table
to go on a diet
to be around here

I / need		
	to rest	for a while
	to drive	to Seoul
	to work	in my office
	to leave	now
	to work out	at the gym
	to go out	in the afternoon
	to have a meal	with my family
	to book a table	in advance
	to go on a diet	for my health
	to be around here	for a moment

STEP 01 **기초 문장** 말하기

나 / 해요

가야
진행해야
이 말은 해야
작별 인사를 해야
술 끊어야
살 빼야
결정해야
비행 예약해야
방 청소해야
긍정적이어야

STEP 02 **확장 문장** 만들기

나 / 해요

가야	뉴욕에
진행해야	내 프로젝트를
이 말은 해야	당신에게
작별 인사를 해야	내 친구들에게
술 끊어야	내 건강을 위해
살 빼야	다이어트로
결정해야	가능한 빨리
비행 예약해야	도쿄 행
방 청소해야	혼자서
긍정적이어야	내 미래에 대해

I / have

to go
to work
to say this
to say goodbye
to quit drinking
to lose weight
to make a decision
to book a flight
to clean my room
to be positive

I / have

to go	to New York
to work	on my project
to say this	to you
to say goodbye	to my friends
to quit drinking	for my health
to lose weight	by dieting
to make a decision	as soon as possible
to book a flight	to Tokyo
to clean my room	by myself
to be positive	about my future

● STEP **01** **기초 문장** 말하기

난 / 좋아해요

수영하는 거
노래하는 거
춤추는 거
영화 보는 거
쇼핑하는 거
자전거 타는 거
설거지하는 거
장 보는 거
술 한 잔 하는 거
수다 떠는 거

● STEP **02** **확장 문장** 만들기

	수영하는 거	풀장에서
	노래하는 거	혼자
	춤추는 거	클럽에서
	영화 보는 거	극장에서
난 / 좋아해요	쇼핑하는 거	자유 시간에
	자전거 타는 거	강을 따라
	설거지하는 거	집에서
	장 보는 거	내 어머니와
	술 한 잔 하는 거	퇴근 후에
	수다 떠는 거	내 여동생과

I / like

to swim
to sing
to dance
to watch movies
to go shopping
to ride a bike
to do the dishes
to go grocery shopping
to have a drink
to have a chat

I / like

to swim	in the pool
to sing	alone
to dance	at the club
to watch movies	at the theater
to go shopping	in my free time
to ride a bike	along the river
to do the dishes	at home
to go grocery shopping	with my mother
to have a drink	after work
to have a chat	with my little sister

● STEP **01** **기초 문장** 말하기

난 / 싫어해요

술 마시는 거
노래하는 거
혼자 식사하는 거
낚시하러 가는 거
돈 쓰는 거
책 읽는 거
일찍 일어나는 거
당신 우는 모습 보는 거
빨래하는 거
늦는 거

● STEP **02** **확장 문장** 만들기

	술 마시는 거	혼자
	노래하는 거	사람들 앞에서
	혼자 식사하는 거	집에서
	낚시하러 가는 거	내 남편이랑
난 / 싫어해요	돈 쓰는 거	여행에
	책 읽는 거	도서관에서
	일찍 일어나는 거	아침에
	당신 우는 모습 보는 거	매일
	빨래하는 거	혼자서
	늦는 거	직장에

pattern_008.mp3

I / hate

to drink
to sing
to eat alone
to go fishing
to spend money
to read books
to get up early
to see you cry
to do the laundry
to be late

I / hate

to drink	alone
to sing	in front of people
to eat alone	at home
to go fishing	with my husband
to spend money	on traveling
to read books	in the library
to get up early	in the morning
to see you cry	every day
to do the laundry	by myself
to be late	for work

● STEP **01** **기초 문장** 말하기

전 / 싶습니다

자고
걷고
알고
거기 가고
당신을 돕고
진실을 말하고
개를 기르고
개를 산책시키고
옷을 갈아입고
음악 듣고

● STEP **02** **확장 문장** 만들기

전 / 싶습니다

자고	여기서
걷고	당신과
알고	당신 이름을
거기 가고	오후에
당신을 돕고	그거 하는 거
진실을 말하고	당신에게
개를 기르고	내 아파트에서
개를 산책시키고	공원에서
옷을 갈아입고	휴일 파티를 위해
음악 듣고	내 스마트폰으로

I / would like

to sleep
to walk
to know
to go there
to help you
to tell the truth
to have a dog
to walk the dog
to change my clothes
to listen to music

I / would like

to sleep
to walk
to know
to go there
to help you
to tell the truth
to have a dog
to walk the dog
to change my clothes
to listen to music

here
with you
your name
in the afternoon
with that
to you
in my apartment
in the park
for the holiday party
on my smartphone

STEP 01 **기초 문장** 말하기

난 / 좋겠어요 / 당신이

떠났으면
춤췄으면
알았으면
떨어져있으면
진정했으면
날 도와졌으면
나랑 결혼했으면
나랑 함께했으면
날 깨워줬으면
집까지 바래다줬으면

STEP 02 **확장 문장** 만들기

	떠났으면	직장으로
	춤췄으면	나랑
	알았으면	내 전화번호를
	떨어져있으면	나로부터
	진정했으면	잠시 동안
난 / 좋겠어요 / 당신이	날 도와졌으면	내 프로젝트 하는 거
	나랑 결혼했으면	내년에
	나랑 함께했으면	저녁을
	날 깨워줬으면	당신이 가기 전에
	집까지 바래다줬으면	오늘 밤에

I / want / you

to leave
to dance
to know
to stay away
to calm down
to help me
to marry me
to join me
to wake me up
to take me home

I / want / you

to leave	for work
to dance	with me
to know	my phone number
to stay away	from me
to calm down	for a moment
to help me	with my project
to marry me	next year
to join me	for dinner
to wake me up	before you go
to take me home	tonight

● STEP **01** **기초 문장** 말하기

난 / 해요 / 당신이

들어줬으면
날 도와줬으면
그녀에게 전화해줬으면
서둘러줬으면
날 믿어줬으면
돈을 절약해줬으면
조심해서 운전해줬으면
약속을 지켜줬으면
여기 와줬으면
조용히 해줬으면

● STEP **02** **확장 문장** 만들기

난 / 해요 / 당신이

들어줬으면	내 말을
날 도와줬으면	이틀 동안
그녀에게 전화해줬으면	그녀의 휴대폰으로
서둘러줬으면	기차를 타려면
날 믿어줬으면	이점에 대해서는
돈을 절약해줬으면	미래를 위해
조심해서 운전해줬으면	고속도로에서
약속을 지켜줬으면	이번에는
여기 와줬으면	제때에
조용히 해줬으면	잠시

I / need / you

to listen
to help me
to call her
to hurry up
to trust me
to save money
to drive carefully
to keep your promise
to be here
to be quiet

I / need / you

to listen
to help me
to call her
to hurry up
to trust me
to save money
to drive carefully
to keep your promise
to be here
to be quiet

to me
for two days
on her cell phone
to catch the train
on this
for the future
on the highway
this time
on time
for a while

STEP 01 **기초 문장** 말하기

전 / 좋겠어요 / 당신이

술 마셔주셨으면
요리해주셨으면
일찍 떠나주셨으면
그녀를 소개해주셨으면
알아주셨으면
담배 끊어주셨으면
절 용서해주셨으면
샘에게 전화해주셨으면
절 혼자 있게 해주셨으면
여기에 있었으면

STEP 02 **확장 문장** 만들기

전 / 좋겠어요 / 당신이

술 마셔주셨으면	저와 함께
요리해주셨으면	저 대신에
일찍 떠나주셨으면	아침에
그녀를 소개해주셨으면	저에게
알아주셨으면	그걸
담배 끊어주셨으면	당신 가족을 위해
절 용서해주셨으면	제 실수에 대해
샘에게 전화해주셨으면	즉시
절 혼자 있게 해주셨으면	잠시만
여기에 있었으면	토니와

I / would like / you	
	to drink
	to cook
	to leave early
	to introduce her
	to know
	to quit smoking
	to forgive me
	to call Sam
	to leave me alone
	to be here

I / would like / you		
	to drink	with me
	to cook	for me
	to leave early	in the morning
	to introduce her	to me
	to know	that
	to quit smoking	for your family
	to forgive me	for my mistake
	to call Sam	immediately
	to leave me alone	for a little while
	to be here	with Tony

STEP 01 **기초 문장** 말하기

난 / 운동해

공원에서
내 동네에서
아침마다
저녁마다
학교에서
집에서
가족이랑
아들이랑
내 친구랑
내 부인이랑

STEP 02 **확장 문장** 만들기

	공원에서	내 가족과 함께
	내 동네에서	내 가장 친한 친구와
	아침마다	일찍 일어나고 나서
	저녁마다	퇴근하고 나서
	학교에서	반 친구들과
난 / 운동해	집에서	음악 들으면서
	가족이랑	아침마다
	아들이랑	아침 식사 후
	내 친구랑	공원에서
	내 부인이랑	한 시간 이상 동안

pattern_013.mp3

I / exercise

in the park
in my neighborhood
in the mornings
in the evenings
at school
at home
with my family
with my son
with my friend
with my wife

I / exercise

in the park
in my neighborhood
in the mornings
in the evenings
at school
at home
with my family
with my son
with my friend
with my wife

with my family
with my best friend
after getting up early
after leaving the office
with my classmates
while listening to music
in the mornings
after breakfast
in the park
for more than 1 hour

STEP 01 기초 문장 말하기

난 / 일해

작은 회사에서
여행사에서
내 사무실에서
아침마다
아버지와 함께
컴퓨터로
내 직장 동료들과
내 가족을 위해
하루 8시간 동안
모델로

STEP 02 확장 문장 만들기

	작은 회사에서	뉴욕에 있는
	여행사에서	도시에 있는
	내 사무실에서	주말마다
	아침마다	라디오를 들으면서
	아버지와 함께	식당에서
난 / 일해	컴퓨터로	내 방에서
	내 직장 동료들과	사무실에서
	내 가족을 위해	매일
	하루 8시간 동안	주중에
	모델로	이탈리아에서

pattern_014.mp3

I / work

at a small company
at a travel agency
in my office
in the mornings
with my father
with a computer
with my co-workers
for my family
for 8 hours a day
as a model

I / work

at a small company
at a travel agency
in my office
in the mornings
with my father
with a computer
with my co-workers
for my family
for 8 hours a day
as a model

in New York
in the city
on weekends
while listening to the radio
at a restaurant
in my room
in the office
every day
on weekdays
in Italy

39

STEP 01 **기초 문장** 말하기

난 / 여행할 거예요

내 딸과
가족이랑
내 남편이랑
절친이랑
기차로
버스로
캐나다 주위를
전 세계를
유럽으로
시카고로

STEP 02 **확장 문장** 만들기

내 딸과
가족이랑
내 남편이랑
절친이랑
기차로
버스로
캐나다 주위를
전 세계를
유럽으로
시카고로

난 / 여행할 거예요

다음주 토요일에
일주일 동안
일요일에
기차로
가능하면
오후에
버스로
내 남동생과
내 가족이랑
일주일 후에

pattern_015.mp3

I / will travel

with my daughter
with my family
with my husband
with my best friend
by train
by bus
around Canada
around the world
to Europe
to Chicago

I / will travel

with my daughter	next Saturday
with my family	for a week
with my husband	on Sunday
with my best friend	by train
by train	if possible
by bus	in the afternoon
around Canada	by bus
around the world	with my little brother
to Europe	with my family
to Chicago	in a week

41

STEP **01** **기초 문장** 말하기

	학교에
	직장에
	교회에
	도서관에
	헬스장에
난 / 가요	진찰받으러
	영화 구경 하러
	공원에
	커피숍에
	산책하러

STEP **02** **확장 문장** 만들기

	학교에	매일 아침에
	직장에	버스로
	교회에	일요일마다
	도서관에	공부하러
	헬스장에	일주일에 세 번
난 / 가요	진찰받으러	일주일에 두 번
	영화 구경 하러	내 자유시간에
	공원에	내 이웃에 있는
	커피숍에	내 집 가까이에 있는
	산책하러	공원에

I / go

to school
to work
to church
to the library
to the gym
to the doctor
to the movies
to the park
to the coffee shop
for a walk

I / go

to school	every morning
to work	by bus
to church	on Sundays
to the library	to study
to the gym	three times a week
to the doctor	twice a week
to the movies	in my free time
to the park	in my neighborhood
to the coffee shop	close to my house
for a walk	in the park

STEP 01 기초 문장 말하기

난 / 했어	실수를
	예약을
	결정을
	약속을
난 / 만들었어	케이크를
	닭 요리를
난 / 벌었어	많은 돈을
난 / 짰어	계획을
난 / 탔어	커피를
난 / 사귀었어	친구 몇 명을

STEP 02 확장 문장 만들기

난 / 했어	실수를	몇 시간 전에
	예약을	방
	결정을	어제
	약속을	내 친구랑
난 / 만들었어	케이크를	널 위해
	닭 요리를	점심으로
난 / 벌었어	많은 돈을	내가 젊었을 때
난 / 짰어	계획을	주말
난 / 탔어	커피를	스스로
난 / 사귀었어	친구 몇 명을	일본에서

pattern_017.mp3

I / made

a mistake
a reservation
a decision
an appointment
a cake
a chicken dish
a lot of money
plans
coffee
some friends

I / made

a mistake	a couple of hours ago
a reservation	for a room
a decision	yesterday
an appointment	with my friend
a cake	for you
a chicken dish	for lunch
a lot of money	when I was young
plans	for the weekend
coffee	for myself
some friends	in Japan

● STEP 01 **기초 문장** 말하기

난 / 했어	샤워를
	목욕을
	산책을
	쉬면서 커피 한 잔
난 / 탔어	택시를
	버스를
난 / 잤어	낮잠을
난 / 냈어	월차를
난 / 이용했어	대중교통을
난 / 찍었어	사진 좀

● STEP 02 **확장 문장** 만들기

난 / 했어	샤워를	집에서
	목욕을	집에 돌아오고 나서
	산책을	호수 주위를
	쉬면서 커피 한 잔	아침에
난 / 탔어	택시를	집에서 직장까지
	버스를	공항까지
난 / 잤어	낮잠을	한 시간 동안
난 / 냈어	월차를	진찰 받으려고
난 / 이용했어	대중교통을	출근하려고
난 / 찍었어	사진 좀	해변에서

pattern_018.mp3

I / took

a shower
a bath
a walk
a coffee break
a taxi
the bus
a nap
a day off
public transportation
some pictures

I / took

a shower	at home
a bath	after I got back home
a walk	around the lake
a coffee break	in the morning
a taxi	from home to work
the bus	to the airport
a nap	for an hour
a day off	to see a doctor
public transportation	to get to work
some pictures	on the beach

47

STEP 01 기초 문장 말하기

난 / 전화했어	샘에게
	수잔에게
	토니에게
	잭에게
	브라이언에게
	내 직장동료에게
	내 남자친구에게
	내 여자친구에게
	내 남동생에게
	내 여동생에게

STEP 02 확장 문장 만들기

	샘에게	오늘 아침에
	수잔에게	내 사무실 근처에서
	토니에게	그의 휴대폰으로
	잭에게	내가 덴버에 있었을 때
난 / 전화했어	브라이언에게	내가 집에 있었을 때
	내 직장동료에게	조금 전에
	내 남자친구에게	지난밤에
	내 여자친구에게	내가 퇴근 후에
	내 남동생에게	도움 좀 요청하려고
	내 여동생에게	며칠 전에

I / called

Sam
Susan
Tony
Jack
Brian
my co-worker
my boyfriend
my girlfriend
my little brother
my younger sister

I / called

Sam	this morning
Susan	near my office
Tony	on his cell phone
Jack	when I was in Denver
Brian	when I was at home
my co-worker	a minute ago
my boyfriend	last night
my girlfriend	after I got off work
my little brother	to ask for some help
my younger sister	a couple of days ago

STEP 01 | **기초 문장** 말하기

난 / 만났어요

그를
그들을
피터를
제니를
내 반 친구를
내 이웃을
내 이상형을
내 가장 친한 친구를
당신 매니저를
당신 남동생을

STEP 02 | **확장 문장** 만들기

	그를	학교 가는 길에
	그들을	내 생일 파티에서
	피터를	버스에서
	제니를	파티에서
	내 반 친구를	지난 금요일에
난 / 만났어요	내 이웃을	거리에서
	내 이상형을	소개팅에서
	내 가장 친한 친구를	커피숍에서
	당신 매니저를	집에 오는 길에
	당신 남동생을	내가 시애틀에 있었을 때

I / met

him
them
Peter
Jenny
my classmate
my neighbor
my ideal type
my best friend
your manager
your younger brother

I / met

him	on my way to school
them	at my birthday party
Peter	on the bus
Jenny	at the party
my classmate	last Friday
my neighbor	on the street
my ideal type	on a blind date
my best friend	at a coffee shop
your manager	on the way home
your younger brother	when I was in Seattle

STEP 01 **기초 문장** 말하기

난 / 받았어	전화를
	편지를
	생일 선물을
	문자를
	메시지를
난 / 구입했어	영화표를
난 / 샀어	이 새 신발을
난 / 했어	일등을
난 / 걸렸어	감기에
난 / 떼었어	과속 딱지

STEP 02 **확장 문장** 만들기

난 / 받았어	전화를	내 친구 샘한테
	편지를	오늘 아침에 데이브한테
	생일 선물을	어젯밤 내 아빠로부터
	문자를	신디한테
	메시지를	토니한테
난 / 구입했어	영화표를	어제
난 / 샀어	이 새 신발을	내가 애슐리랑 쇼핑했을 때
난 / 했어	일등을	웅변대회에서
난 / 걸렸어	감기에	오늘 아침에
난 / 떼었어	과속 딱지	집에 오는 길에

pattern_021.mp3

I / got

a call
a letter
a birthday present
a text message
the message
a movie ticket
these new shoes
first prize
a cold
a speeding ticket

I / got		
	a call	from my friend, Sam
	a letter	from Dave this morning
	a birthday present	from my father last night
	a text message	from Cindy
	the message	from Tony
	a movie ticket	yesterday
	these new shoes	when I shopped with Ashley
	first prize	at the speech contest
	a cold	this morning
	a speeding ticket	on my way home

STEP 01 **기초 문장** 말하기

난 / 말했어	거짓말을 진실을 자초지종을
난 / 있었어	중요한 모임이 약속이
난 / 마셨어	술을 커피 한 잔
난 / 했어	식사를 샤워를
난 / 먹었어	저녁을

STEP 02 **확장 문장** 만들기

난 / 말했어	거짓말을	내 엄마한테
	진실을	모든 이에게
	자초지종을	내 가장 친한 친구에게
난 / 있었어	중요한 모임이	시카고에서
	약속이	내 일 끝내고 나서
난 / 마셨어	술을	스트레스를 풀려고
	커피 한 잔	아침 일찍
난 / 했어	식사를	내 가족과
	샤워를	내가 집으로 돌아오고 나서
난 / 먹었어	저녁을	고급 레스토랑에서

pattern_022.mp3

I / told	a lie
	the truth
	the whole story
I / had	an important meeting
	plans
	a drink
	a cup of coffee
	a meal
	a shower
	dinner

I / told	a lie	to my mom
	the truth	to everyone
	the whole story	to my best friend
I / had	an important meeting	in Chicago
	plans	after I finished my work
	a drink	to beat my stress
	a cup of coffee	early in the morning
	a meal	with my family
	a shower	after I got back home
	dinner	at a fancy restaurant

STEP 01 기초 문장 말하기

난 / 들었어요	그 얘기
	그의 목소리를
	그 소리를
	그 노래
	소문들을
	안 좋은 소문을
	이상한 뭔가를
	좋은 소식 좀
	나쁜 소식 좀
난 / 못 들었어요	아무것도

STEP 02 확장 문장 만들기

난 / 들었어요	그 얘기	켈리한테
	그의 목소리를	전화상으로
	그 소리를	한밤중에
	그 노래	라디오에서
	소문들을	당신에 대해
	안 좋은 소문을	아침에
	이상한 뭔가를	내 친구로부터
	좋은 소식 좀	내가 여기 왔을 때
	나쁜 소식 좀	내가 사무실에 도착했을 때
난 / 못 들었어요	아무것도	그것에 대해

● I / heard / 목적어 / 확장어구

pattern_023.mp3

I / heard

the story
his voice
that sound
that song
rumors
a nasty rumor
something strange
some good news
some bad news
nothing

I / heard

the story	from Kelly
his voice	on the phone
that sound	in the middle of the night
that song	on the radio
rumors	about you
a nasty rumor	in the morning
something strange	from a friend of mine
some good news	when I got here
some bad news	when I got to the office
nothing	about that

57

STEP 01 **기초 문장** 말하기

난 / 싶어요

걷고
자고
수영하고
운전하고
여행하고
쇼핑하고
클럽 가고
운동 좀 하고
머리를 자르고
혼자 있고

STEP 02 **확장 문장** 만들기

	걷고	밖에서
	자고	내 침대에서
	수영하고	바다에서
	운전하고	오늘은 멀리
	여행하고	혼자
난 / 싶어요	쇼핑하고	온라인
	클럽 가고	금요일 밤에
	운동 좀 하고	오후에
	머리를 자르고	기분전환으로
	혼자 있고	잠깐 동안

I / feel like

walking
sleeping
swimming
driving
traveling
shopping
going clubbing
doing some exercise
getting a haircut
being alone

I / feel like		
	walking	outside
	sleeping	in my bed
	swimming	in the ocean
	driving	far away today
	traveling	alone
	shopping	online
	going clubbing	on Friday night
	doing some exercise	in the afternoon
	getting a haircut	for a change
	being alone	for a moment

STEP 01 기초 문장 말하기

<table>
<tr><td rowspan="10">난 / 싶지 않아요</td><td>일하고</td></tr>
<tr><td>노래하고</td></tr>
<tr><td>술 마시고</td></tr>
<tr><td>아무것도 하고</td></tr>
<tr><td>돈 쓰고</td></tr>
<tr><td>당신을 초대하고</td></tr>
<tr><td>담배는 끊고</td></tr>
<tr><td>그에게 전화하고</td></tr>
<tr><td>출근하고</td></tr>
<tr><td>집안일 하고</td></tr>
</table>

STEP 02 확장 문장 만들기

난 / 싶지 않아요		
	일하고	내 사무실에서
	노래하고	사람들 앞에서
	술 마시고	밤에
	아무것도 하고	오늘은
	돈 쓰고	옷에
	당신을 초대하고	내 집에
	담배는 끊고	이런 이유로
	그에게 전화하고	그의 휴대폰으로
	출근하고	토요일에는
	집안일 하고	혼자서

I /don't feel like

working
singing
drinking
doing anything
spending money
inviting you
quitting smoking
calling him
going to work
doing house chores

I / don't feel like

working	in my office
singing	in front of people
drinking	at night
doing anything	today
spending money	on clothes
inviting you	to my place
quitting smoking	for this reason
calling him	on his cell phone
going to work	on Saturday
doing house chores	by myself

● STEP **01** **기초 문장** 말하기

난 / 괜찮아요	기다려도
	운전해도
	늦게 떠나도
	영화를 봐도
	여기서 자도
	그걸 해도
	그녀를 만나도
	피자를 먹어도
	거기 가도
	맥주 마셔도

● STEP **02** **확장 문장** 만들기

	기다려도	줄 서서
	운전해도	당신이 피곤하면
	늦게 떠나도	오후에
	영화를 봐도	극장에서
난 / 괜찮아요	여기서 자도	오늘밤
	그걸 해도	저녁에
	그녀를 만나도	내가 한가할 때
	피자를 먹어도	점심으로
	거기 가도	당신과 함께
	맥주 마셔도	바에서

I / don't mind

waiting
driving
leaving late
watching movies
sleeping here
doing that
meeting her
eating pizza
going there
drinking beer

I / don't mind

waiting	in line
driving	if you feel tired
leaving late	in the afternoon
watching movies	at the theater
sleeping here	tonight
doing that	in the evening
meeting her	when I'm free
eating pizza	for lunch
going there	with you
drinking beer	at a bar

STEP 01 **기초 문장** 말하기

난 / 그만뒀어	일하는 거
	공부하는 거
	일본어 배우는 거
	수영 배우는 거
	피아노 치는 거
난 / 포기했어	요가 하는 거
	운동하는 거
	노래 부르는 거
난 / 끊었어	술
	담배

STEP 02 **확장 문장** 만들기

난 / 그만뒀어	일하는 거	요리사로
	공부하는 거	학교에서
	일본어 배우는 거	방과 후에
	수영 배우는 거	주말에
	피아노 치는 거	내가 어렸을 때
난 / 포기했어	요가 하는 거	잠시
	운동하는 거	헬스장에서
	노래 부르는 거	무대에서
난 / 끊었어	술	완전히
	담배	내 건강을 위해

I / gave up

working
studying
learning Japanese
learning to swim
playing the piano
doing yoga
working out
singing
drinking
smoking

I / gave up		
	working	as a cook
	studying	at school
	learning Japanese	after school
	learning to swim	on weekends
	playing the piano	when I was little
	doing yoga	for a while
	working out	at the gym
	singing	on stage
	drinking	for good
	smoking	for my health

STEP **01** **기초 문장** 말하기

난 / 노력 중이에요

운동하려고
자려고
이해하려고
당신에게 말하려고
건강 유지하려고
그에게 연락하려고
혼자 일하려고
일찍 일어나려고
직장을 구하려고
솔직하려고

STEP **02** **확장 문장** 만들기

난 / 노력 중이에요

운동하려고	규칙적으로
자려고	밤에 일찍
이해하려고	당신이 말하고 있는 거
당신에게 말하려고	진실에 대해
건강 유지하려고	매일
그에게 연락하려고	그의 메일을 통해
혼자 일하려고	집에서
일찍 일어나려고	매일
직장을 구하려고	요즘
솔직하려고	나 자신에게

I'm / trying

to exercise
to sleep
to understand
to tell you
to stay healthy
to reach him
to work alone
to get up early
to get a job
to be honest

I'm / trying

to exercise	on a regular basis
to sleep	early at night
to understand	what you're saying
to tell you	about the truth
to stay healthy	every day
to reach him	via his email
to work alone	at home
to get up early	on a daily basis
to get a job	these days
to be honest	with myself

STEP 01 기초 문장 말하기

난 / 계획이야	떠날
	여행할
	돌아갈
	이사를 갈
	중국어 배울
난 / 생각이야	이걸 살
	설거지 할
	일을 관둘
	다이어트 할
	출장 갈

STEP 02 확장 문장 만들기

난 / 계획이야	떠날	제주도로
	여행할	3일 동안
	돌아갈	뉴욕으로
	이사를 갈	새로운 아파트로
	중국어 배울	퇴근 후에
난 / 생각이야	이걸 살	내 딸을 위해
	설거지 할	커피 마시고 나서
	일을 관둘	이번 달에
	다이어트 할	다시
	출장 갈	시카고로

pattern_029.mp3

I'm / planning

to leave
to travel
to get back
to move
to learn Chinese
to buy this
to do the dishes
to quit my job
to go on a diet
to go on a business trip

I'm / planning

to leave — for Jeju Island
to travel — for 3 days
to get back — to New York
to move — to a new apartment
to learn Chinese — after work
to buy this — for my daughter
to do the dishes — after drinking coffee
to quit my job — this month
to go on a diet — again
to go on a business trip — to Chicago

STEP 01 **기초 문장** 말하기

난 / 거예요

결혼할
일 할
여행할
나갈
여길 떠날
여기에 머물
체크인 할
항공편을 예약할
간식 좀 먹을
바람 좀 쐴

STEP 02 **확장 문장** 만들기

난 / 거예요		
	결혼할	다음 달에
	일 할	여행 가이드로
	여행할	내 가장 친한 친구랑
	나갈	맥주 한 잔 하러
	여길 떠날	곧
	여기에 머물	2일 동안
	체크인 할	가능한 신속하게
	항공편을 예약할	캐나다 행
	간식 좀 먹을	내가 일 시작하기 전에
	바람 좀 쐴	잠시

I'm / going

to marry
to work
to travel
to go out
to leave here
to stay here
to check in
to book a flight
to eat some snacks
to get some fresh air

I'm / going

to marry	next month
to work	as a tour guide
to travel	with my best friend
to go out	for a beer
to leave here	soon
to stay here	for 2 days
to check in	as quickly as possible
to book a flight	to Canada
to eat some snacks	before I start working
to get some fresh air	for a few minutes

● STEP **01** **기초 문장** 말하기

<table>
<tr><td rowspan="10">나 / 전화했어요</td><td>당신 도와주려고</td></tr>
<tr><td>당신 초대하려고</td></tr>
<tr><td>작별 인사하려고</td></tr>
<tr><td>당신에게 뭔가 물어보려고</td></tr>
<tr><td>데이트 신청하려고</td></tr>
<tr><td>테이블 예약하려고</td></tr>
<tr><td>비행 확인하려고</td></tr>
<tr><td>좌석 예약하려고</td></tr>
<tr><td>예약 취소하려고</td></tr>
<tr><td>약속 잡으려고</td></tr>
</table>

● STEP **02** **확장 문장** 만들기

	당신 도와주려고	당신 인터뷰 준비하는 거
	당신 초대하려고	내 집들이에
	작별 인사하려고	당신께
	당신에게 뭔가 물어보려고	당신 고향에 대해
나 / 전화했어요	데이트 신청하려고	두 번째
	테이블 예약하려고	두 명
	비행 확인하려고	워싱턴 행
	좌석 예약하려고	금연 구역에
	예약 취소하려고	오늘밤
	약속 잡으려고	강씨와

I'm / calling

to help you
to invite you
to say goodbye
to ask you something
to ask you out
to book a table
to confirm my flight
to reserve a seat
to cancel my reservation
to make an appointment

I'm / calling		
to help you	prepare for your interview
to invite you	to my housewarming party
to say goodbye	to you
to ask you something	about your hometown
to ask you out	for a second date
to book a table	for two people
to confirm my flight	to Washington
to reserve a seat	in the nonsmoking section
to cancel my reservation	for tonight
to make an appointment	with Mr. Kang

STEP 01 기초 문장 말하기

나 / 되어 있어요	일하기로
	여길 떠나기로
	그걸 하기로
	출근하기로
	데이트하기로
나 / 해요	운동해야
	외출해야
	토니를 만나야
	이걸 끝내야
	그를 그곳에 데려다줘야

STEP 02 확장 문장 만들기

나 / 되어 있어요	일하기로	토요일에
	여길 떠나기로	10분 후에
	그걸 하기로	오후에
	출근하기로	아침 7시에
	데이트하기로	제니와
나 / 해요	운동해야	내 친구와
	외출해야	점심 먹으로
	토니를 만나야	근처 커피숍에서
	이걸 끝내야	퇴근 전에
	그를 그곳에 데려다줘야	내일

● I'm / supposed / to부정사 / 확장어구

I'm / supposed

to work
to leave here
to do that
to go to work
to have a date
to exercise
to go out
to meet Tony
to finish this
to take him there

I'm / supposed

to work	on Saturday
to leave here	in 10 minutes
to do that	in the afternoon
to go to work	at 7 in the morning
to have a date	with Jenny
to exercise	with my friend
to go out	for lunch
to meet Tony	at a nearby coffee shop
to finish this	before getting off work
to take him there	tomorrow

STEP 01 **기초 문장** 말하기

난 / 예정이야	
	점심 먹을
	일찍 떠날
	초과 근무를 할
	인터뷰 할
	출장 갈
난 / 계획이야	
	오늘밤 떠날
	여기에 머물
	시험을 볼
	일찍 외출할
	여행 갈

STEP 02 **확장 문장** 만들기

난 / 예정이야	점심 먹을	내 남동생과
	일찍 떠날	내 가족과 함께
	초과 근무를 할	오늘
	인터뷰 할	샘이랑
	출장 갈	내일 아침에
난 / 계획이야	오늘밤 떠날	시간 맞춰 거기 도착하려고
	여기에 머물	잠시 동안
	시험을 볼	일요일 아침에
	일찍 외출할	아침에
	여행갈	샌프란시스코로

I'm / scheduled

to have lunch
to leave early
to work overtime
to have an interview
to go on a business trip
to leave tonight
to stay here
to take a test
to go out early
to take a trip

I'm / scheduled

to have lunch
to leave early
to work overtime
to have an interview
to go on a business trip
to leave tonight
to stay here
to take a test
to go out early
to take a trip

with my little brother
with my family
today
with Sam
tomorrow morning
to get there in time
for a while
on Sunday morning
in the morning
to San Francisco

STEP 01 기초 문장 말하기

난 / 걱정돼

수영하는 게
운전하는 게
늦잠 잘까
혼자 여행하는 게
실수할까
감기 걸릴까
비행기 놓칠까
시험에 떨어질까
실직할까봐
늦을까봐

STEP 02 확장 문장 만들기

난 / 걱정돼

수영하는 게	바다에서
운전하는 게	밤늦게
늦잠 잘까	아침에
혼자 여행하는 게	유럽에서
실수할까	내가 인터뷰 할 때
감기 걸릴까	겨울에
비행기 놓칠까	미국행
시험에 떨어질까	다시
실직할까봐	올해
늦을까봐	내 약속에

● I'm / worried / about 동명사 / 확장어구

pattern_034.mp3

I'm / worried

about swimming
about driving
about oversleeping
about traveling alone
about making mistakes
about catching a cold
about missing my flight
about failing the exam
about losing my job
about being late

---

	about swimming	in the ocean
	about driving	late at night
	about oversleeping	in the morning
	about traveling alone	in Europe
I'm / worried	about making mistakes	when I have an interview
	about catching a cold	in winter
	about missing my flight	to America
	about failing the exam	again
	about losing my job	this year
	about being late	for my appointment

● STEP **01** **기초 문장** 말하기

노래하는 게
운전하는 게
살찌는 게
해고당하는 게
혼자 사는 게
실수하는 게
돈 쓰는 게
거기 가는 게
지각하는 게
혼자 있는 게

난 / 걱정 안 돼

● STEP **02** **확장 문장** 만들기

	노래하는 게	노래 경연 대회에서
	운전하는 게	밤에
	살찌는 게	더 이상
	해고당하는 게	직장에서
난 / 걱정 안 돼	혼자 사는 게	내 여생을
	실수하는 게	내가 영어로 말할 때
	돈 쓰는 게	쇼핑에
	거기 가는 게	밤늦게
	지각하는 게	직장에
	혼자 있는 게	집에

I'm / not worried

about singing
about driving
about gaining weight
about getting fired
about living alone
about making mistakes
about spending money
about going there
about being late
about being alone

I'm / not worried		
	about singing	at a singing contest
	about driving	at night
	about gaining weight	anymore
	about getting fired	from work
	about living alone	for the rest of my life
	about making mistakes	when I speak English
	about spending money	shopping
	about going there	late at night
	about being late	for work
	about being alone	at home

● STEP 01 기초 문장 말하기

난 / 관심 있어요	춤추는 거
	요리하는 거
	수다 떠는 거
	영어 배우는 거
	잭을 만나는 거
	돈 버는 거
	저축하는 거
	온라인 쇼핑하는 거
	게임하는 거
	인터넷 검색하는 거

● STEP 02 확장 문장 만들기

	춤추는 거	누군가와
	요리하는 거	집에서 내 가족을 위해
	수다 떠는 거	내 이웃들과
	영어 배우는 거	학교에서
난 / 관심 있어요	잭을 만나는 거	내 여가 시간에
	돈 버는 거	주식에 투자하여
	저축하는 거	내 미래를 위해
	온라인 쇼핑하는 거	내가 자유 시간 좀 있을 때
	게임하는 거	내 스마트폰으로
	인터넷 검색하는 거	매일

I'm / interested

in dancing
in cooking
in chatting
in learning English
in meeting Jack
in making money
in saving money
in shopping online
in playing games
in surfing the net

I'm / interested		
	in dancing	with someone
	in cooking	for my family at home
	in chatting	with my neighbors
	in learning English	at school
	in meeting Jack	in my leisure time
	in making money	by investing in stocks
	in saving money	for my future
	in shopping online	when I have some free time
	in playing games	on my smartphone
	in surfing the net	every day

STEP 01 기초 문장 말하기

난 / 관심 없어요

요리하는 거
술 마시는 거
공부하는 것에
운동하는데
친구 사귀는 데
중국어 배우는 데
여기서 일하는 것에
음악 듣는 거
개 키우는 거
파마하는 것에

STEP 02 확장 문장 만들기

난 / 관심 없어요

요리하는 거	중국 음식
술 마시는 거	내 친구들과
공부하는 것에	학교에서
운동하는데	아침 일찍
친구 사귀는 데	대학에서
중국어 배우는 데	TV 시청을 통해
여기서 일하는 것에	더 이상
음악 듣는 거	내 스마트폰으로
개 키우는 거	내 아파트에서
파마하는 것에	미용실에서

pattern_037.mp3

**I'm /
not interested**

in cooking
in drinking
in studying
in exercising
in making friends
in learning Chinese
in working here
in listening to music
in having a dog
in getting a perm

	in cooking	Chinese food
	in drinking	with my friends
	in studying	at school
	in exercising	early in the morning
I'm /	in making friends	in college
not interested	in learning Chinese	by watching TV
	in working here	anymore
	in listening to music	on my smartphone
	in having a dog	in my apartment
	in getting a perm	at the hair salon

STEP **01** **기초 문장** 말하기

	운전해도
	요리해도
	수영해도
	담배 피워도
돼요?	춤춰도
	여기서 자도
	여기 앉아도
	돌아가도
	이 물 마셔도
	내 가방 둬도

STEP **02** **확장 문장** 만들기

	운전해도	당신 차를
	요리해도	당신을 위해
	수영해도	이 풀장에서
	담배 피워도	여기서
	춤춰도	제니와
돼요?	여기서 자도	2시간 동안
	여기 앉아도	잠깐
	돌아가도	한국으로
	이 물 마셔도	테이블 위에 있는
	내 가방 둬도	의자 옆에

Can I

drive
cook
swim
smoke
dance
sleep here
sit here
go back
drink this water
leave my bag

Can I		
	drive	your car
	cook	for you
	swim	in this pool
	smoke	here
	dance	with Jenny
	sleep here	for 2 hours
	sit here	for a second
	go back	to Korea
	drink this water	on the table
	leave my bag	next to the chair

● STEP **01** **기초 문장** 말하기

<table>
<tr><td rowspan="10">돼요?</td><td>이것 사용해도</td></tr>
<tr><td>이 카메라 사용해도</td></tr>
<tr><td>당신 컴퓨터 사용해도</td></tr>
<tr><td>당신 전화 사용해도</td></tr>
<tr><td>당신 프린터 사용해도</td></tr>
<tr><td>당신 차 사용해도</td></tr>
<tr><td>당신 스마트폰 사용해도</td></tr>
<tr><td>당신 우산 사용해도</td></tr>
<tr><td>저 의자들 사용해도</td></tr>
<tr><td>내 신용카드를 사용해도</td></tr>
</table>

● STEP **02** **확장 문장** 만들기

<table>
<tr><td rowspan="10">돼요?</td><td>이것 사용해도</td><td>사무실에서</td></tr>
<tr><td>이 카메라 사용해도</td><td>잠깐</td></tr>
<tr><td>당신 컴퓨터 사용해도</td><td>내 이메일을 확인하기 위해</td></tr>
<tr><td>당신 전화 사용해도</td><td>내 친구에게 전화하기 위해</td></tr>
<tr><td>당신 프린터 사용해도</td><td>오후에</td></tr>
<tr><td>당신 차 사용해도</td><td>점심 먹고 나서</td></tr>
<tr><td>당신 스마트폰 사용해도</td><td>지금 당장</td></tr>
<tr><td>당신 우산 사용해도</td><td>비 오는 날에</td></tr>
<tr><td>저 의자들 사용해도</td><td>저쪽에 있는</td></tr>
<tr><td>내 신용카드를 사용해도</td><td>이걸 지불하기 위해</td></tr>
</table>

pattern_039.mp3

Can I

use this
use this camera
use your computer
use your phone
use your printer
use your car
use your smartphone
use your umbrella
use those chairs
use my credit card

Can I

use this	in the office
use this camera	for a moment
use your computer	to check my emails
use your phone	to call my friend
use your printer	in the afternoon
use your car	after lunch
use your smartphone	right now
use your umbrella	on a rainy day
use those chairs	over there
use my credit card	to pay this

STEP 01 **기초 문장** 말하기

될까요?

5분 쉬워도
이거 가져가도
당신을 거기에 데려다줘도
이 우산 가져가도
사진 좀 찍어도
샤워해도
잠깐 쉬어도
산책해도
택시타도
둘러봐도

STEP 02 **확장 문장** 만들기

5분 쉬워도	지금
이거 가져가도	기내로
당신을 거기에 데려다줘도	오늘밤
이 우산 가져가도	오후에
사진 좀 찍어도	이 건물 앞에서
될까요? 샤워해도	내가 떠나기 전에
잠깐 쉬어도	기분전환하기 위해
산책해도	공원 주위를
택시타도	거기 가기 위해
둘러봐도	내가 뭔가 사기 전에

pattern_040.mp3

Can I

take five
take this
take you there
take this umbrella
take some pictures
take a shower
take a break
take a walk
take a taxi
take a look around

Can I	take five	now
	take this	on the plane
	take you there	tonight
	take this umbrella	in the afternoon
	take some pictures	in front of this building
	take a shower	before I leave
	take a break	to refresh myself
	take a walk	around the park
	take a taxi	to get there
	take a look around	before I buy something

● STEP **01** **기초 문장** 말하기

	주문할
	떠날
	갈
	은퇴할
당신은 / 준비 됐어요?	포로포즈 할
	스카이다이빙 할
	집으로 갈
	결혼할
	그걸 시도할
	캠핑 갈

● STEP **02** **확장 문장** 만들기

	주문할	지금
	떠날	도쿄로
	갈	서울로
	은퇴할	당신 일로부터
당신은 / 준비 됐어요?	포로포즈 할	당신 여자 친구에게
	스카이다이빙 할	잠시 후에
	집으로 갈	아침 일찍
	결혼할	짐과
	그걸 시도할	다시
	캠핑 갈	우리와

pattern_041.mp3

Are you / ready	to order
	to leave
	to go
	to retire
	to propose
	to skydive
	to head home
	to get married
	to try that
	to go camping

	to order	now
	to leave	for Tokyo
	to go	to Seoul
	to retire	from your job
Are you / ready	to propose	to your girlfriend
	to skydive	in a minute
	to head home	early in the morning
	to get married	to Jim
	to try that	again
	to go camping	with us

STEP 01 **기초 문장** 말하기

당신은 / 있어요?

그거 할 수
그것들을 만들 수
그를 잊을 수
절 도와줄 수
그거 처리할 수
비용을 절감할 수
거기에 도착할 수
살 뺄 수
새 친구들을 사귈 수
이 문제 해결할 수

STEP 02 **확장 문장** 만들기

당신은 / 있어요?

그거 할 수	날 위해
그것들을 만들 수	어떤 도움 없이도
그를 잊을 수	이번에
절 도와줄 수	요리하는 거
그거 처리할 수	혼자
비용을 절감할 수	50퍼센트
거기에 도착할 수	정오까지
살 뺄 수	단기간에
새 친구들을 사귈 수	쉽게
이 문제 해결할 수	당신 혼자서

Are you / able

to do that
to make them
to forget him
to help me
to handle that
to reduce costs
to get there
to lose weight
to make new friends
to solve this problem

---

	to do that	for me
	to make them	without any help
	to forget him	this time
	to help me	cook
	to handle that	alone
Are you / able	to reduce costs	by 50%
	to get there	by noon
	to lose weight	in a short amount of time
	to make new friends	easily
	to solve this problem	by yourself

STEP 01 **기초 문장** 말하기

당신은 / 되어 있어요?	외출하기로
	해외로 여행가기로
	일찍 떠나기로
	부엌 청소하기로
	여행가기로
당신은 / 해요?	아침 준비해야
	끼니를 걸러야
	그녀를 거기에 데려가야
	집 페인트칠해야
	가족 여행을 가야

STEP 02 **확장 문장** 만들기

당신은 / 되어 있어요?	외출하기로	샤워하고 나서
	해외로 여행가기로	월요일에
	일찍 떠나기로	아침에
	부엌 청소하기로	식사하고 나서
	여행가기로	시드니로
당신은 / 해요?	아침 준비해야	당신 가족을 위해
	끼니를 걸러야	아침마다
	그녀를 거기에 데려가야	내일 밤
	집 페인트칠해야	주말 내내
	가족 여행을 가야	하와이로

**Are you /
supposed**

to go out
to travel abroad
to leave early
to clean the kitchen
to take a trip
to make breakfast
to skip meals
to take her there
to paint the house
to go on a family trip

Are you /
supposed

to go out	after taking a shower
to travel abroad	on Monday
to leave early	in the morning
to clean the kitchen	after having a meal
to take a trip	to Sydney
to make breakfast	for your family
to skip meals	in the mornings
to take her there	tomorrow night
to paint the house	over the weekend
to go on a family trip	to Hawaii

STEP 01 기초 문장 말하기

당신은 / 거예요?

결혼할
일할
요가 할
그를 도울
날 용서할
여기서 기다릴
비자 갱신할
이탈리아 갈
사업을 운영할
셔틀버스를 탈

STEP 02 확장 문장 만들기

당신은 / 거예요?

결혼할	신디와
일할	당신 컴퓨터로
요가 할	집에서
그를 도울	그의 연구과제 하는 거
날 용서할	이번에
여기서 기다릴	그가 도착할 때까지
비자 갱신할	캐나다 가기 위해
이탈리아 갈	당신 신혼여행으로
사업을 운영할	퇴직 후에
셔틀버스를 탈	퇴근 할 때

Are you / going

to marry
to work
to do yoga
to help him
to forgive me
to wait here
to renew your visa
to go to Italy
to run your business
to take the shuttle bus

Are you /
going

to marry	Cindy	
to work	with your computer	
to do yoga	at home	
to help him	with his assignment	
to forgive me	this time	
to wait here	until he arrives	
to renew your visa	to go to Canada	
to go to Italy	for your honeymoon	
to run your business	after retiring	
to take the shuttle bus	when you leave the office	

STEP 01 **기초 문장** 말하기

당신은 / 계획이에요?	늦잠 잘
	중국어 배울
	혼자 여행할
	테이블을 예약할
	나무를 장식할
당신은 / 생각이에요?	그녀에게 데이트 신청할
	소풍을 갈
	새로운 가방을 살
	다이어트 할
	차를 구입할

STEP 02 **확장 문장** 만들기

당신은 / 계획이에요?	늦잠 잘	집에서
	중국어 배울	어학원에서
	혼자 여행할	당신 가족 없이
	테이블을 예약할	이탈리언 레스토랑에
	나무를 장식할	크리스마스이브에
당신은 / 생각이에요?	그녀에게 데이트 신청할	토요일 밤에
	소풍을 갈	당신 친구들과
	새로운 가방을 살	당신 딸을 위해
	다이어트 할	이번 달에
	차를 구입할	곧

100

● Are you / planning / to부정사 / 확장어구

Are you / planning

to sleep in
to learn Chinese
to travel alone
to book a table
to decorate the tree
to ask her out
to go on a picnic
to buy a new bag
to go on a diet
to buy a car

Are you / planning

to sleep in	at home
to learn Chinese	at a language school
to travel alone	without your family
to book a table	at an Italian restaurant
to decorate the tree	on Christmas Eve
to ask her out	on Saturday night
to go on a picnic	with your friends
to buy a new bag	for your daughter
to go on a diet	this month
to buy a car	soon

STEP 01 **기초 문장** 말하기

당신은 / 하는 거예요?

기다리려고
떠나려고
작별 고하려고
좌석 예약하려고
문 열려고
설거지 하려고
술 한 잔 하려고
최선을 다하려고
가구를 재배치하려고
방 환기 시키려고

STEP 02 **확장 문장** 만들기

	기다리려고	그를
	떠나려고	당신 고향을
	작별 고하려고	나한테
	좌석 예약하려고	기차의
당신은 / 하는 거예요?	문 열려고	방 환기 시키려고
	설거지 하려고	저녁 먹고 나서
	술 한 잔 하려고	당신 부인과
	최선을 다하려고	이걸 완벽하게 끝내기 위해
	가구를 재배치하려고	당신 혼자서
	방 환기 시키려고	지금

102

Are you / trying

to wait
to leave
to say goodbye
to book a seat
to open the door
to do the dishes
to have a drink
to do your best
to rearrange the furniture
to air out the room

---

	to wait	for him
	to leave	your hometown
	to say goodbye	to me
	to book a seat	on a train
Are you /	to open the door	to air the room out
trying	to do the dishes	after supper
	to have a drink	with your wife
	to do your best	to finish this completely
	to rearrange the furniture	by yourself
	to air out the room	now

● STEP **01** **기초 문장** 말하기

넌 / 줄래? / 나에게	전화해
	도움을
	그 모자
	저 책
	니 가방
	돈 좀
	시간 좀
	비닐 봉투
	모닝콜
넌 / 줄래? / 나를	차를 태워

● STEP **02** **확장 문장** 만들기

넌 / 줄래? / 나에게	전화해	정오에
	도움을	이거 하는데
	그 모자	선반 위에 있는
	저 책	테이블 위에 있는
	니 가방	잠시
	돈 좀	음식 값 내게
	시간 좀	그것에 대해 생각할
	비닐 봉투	이거 집어넣을 수 있는
	모닝콜	아침에
넌 / 줄래? / 나를	차를 태워	집까지

Can you / give / me

a call
a hand
the hat
that book
your bag
some money
some time
a plastic bag
a wake-up call
a ride

Can you / give / me		
	a call	at noon
	a hand	with this
	the hat	on the shelf
	that book	on the table
	your bag	for a minute
	some money	for food
	some time	to think about it
	a plastic bag	to put this in
	a wake-up call	in the morning
	a ride	home

● STEP 01 기초 문장 말하기

넌 / 가져다줄래? / 나에게

뭐 좀
맥주 하나
담요
수저
커피 좀
물 좀
음식 좀
오늘 신문
마실 것

넌 / 시켜줄래? / 나에게

소개팅

● STEP 02 확장 문장 만들기

넌 / 가져다줄래?/ 나에게	뭐 좀	먹을
	맥주 하나	냉장고에서
	담요	카트에서
	수저	먹는데 쓸
	커피 좀	또는 차 좀
	물 좀	난 너무 목말라
	음식 좀	난 너무 배고파
	오늘 신문	네가 외출할 때
	마실 것	부엌에서
넌 / 시켜줄래? / 나에게	소개팅	오후에

pattern_048.mp3

Can you / get / me	
	something
	a beer
	a blanket
	a spoon
	some coffee
	some water
	some food
	today's newspaper
	something to drink
	a blind date

Can you / get / me	something	to eat
	a beer	from the fridge
	a blanket	from the cart
	a spoon	to eat with
	some coffee	or tea
	some water	I'm so thirsty
	some food	I'm so hungry
	today's newspaper	when you go out
	something to drink	from the kitchen
	a blind date	in the afternoon

● STEP 01 **기초 문장** 말하기

넌 / 보여줄래? / 나에게	뭔가를
	저것을
	네 신분증을
	저 책을
	저 캐주얼화를
넌 / 알려줄래? / 나에게	길을
	어디로 가야 하는지
	내가 어디에 있는지
	거기에 어떻게 가는지
	이 프린터 어떻게 사용하는지

● STEP 02 **확장 문장** 만들기

넌 / 보여줄래? / 나에게	뭔가를	다른
	저것을	저쪽에 있는
	네 신분증을	내가 널 들여보내기 전에
	저 책을	네 책꽂이에 꽂힌
	저 캐주얼화를	테이블 아래에 있는
넌 / 알려줄래? / 나에게	길을	기차역까지
	어디로 가야 하는지	버스 정류장을 찾으려면
	내가 어디에 있는지	이 지도상에서
	거기에 어떻게 가는지	여기서부터
	이 프린터 어떻게 사용하는지	데스크 위에 있는

Can you / show / me

something
that one
your ID
that book
those casual shoes
the way
where to go
where I am
how to get there
how to use this printer

Can you / show / me

something	different
that one	over there
your ID	before I let you enter
that book	on your bookshelf
those casual shoes	under the table
the way	to the train station
where to go	to find the bus stop
where I am	on this map
how to get there	from here
how to use this printer	on the desk

STEP **01** **기초 문장** 말하기

	이유를
	뭔가
	네 이름
	차이점을
넌 / 말해줄래? / 나에게	네가 뭘 했는지
	네가 어딜 방문했는지
	여자는 누군지
	몇 시인지
	이걸 어떻게 고치는지
	어디서 내려야 할지

STEP **02** **확장 문장** 만들기

	이유를	네가 날 안 좋아 하는지
	뭔가	네 자신에 대해
	네 이름	그리고 전화번호를
	차이점을	이 두 차 사이에
	네가 뭘 했는지	아침에
넌 / 말해줄래? / 나에게	네가 어딜 방문했는지	어제
	여자는 누군지	사진 속에
	몇 시인지	지금 시카고는
	이걸 어떻게 고치는지	다시
	어디서 내려야 할지	버스에서

Can you / tell / me

why
something
your name
the difference
what you did
where you visited
who the woman is
what time it is
how to fix this
where to get off

Can you / tell / me

why	you don't like me
something	about yourself
your name	and phone number
the difference	between these two cars
what you did	in the morning
where you visited	yesterday
who the woman is	in the picture
what time it is	in Chicago now
how to fix this	again
where to get off	the bus

● STEP **01** **기초 문장** 말하기

<table>
<tr><td rowspan="11">**당신은 / 래요?**</td><td>갈</td></tr>
<tr><td>떠날</td></tr>
<tr><td>내기 할</td></tr>
<tr><td>주문할</td></tr>
<tr><td>나갈</td></tr>
<tr><td>이거 먹을</td></tr>
<tr><td>택시 합승할</td></tr>
<tr><td>잠시 쉴</td></tr>
<tr><td>휴식 좀 취할</td></tr>
<tr><td>하이킹하러 갈</td></tr>
</table>

● STEP **02** **확장 문장** 만들기

<table>
<tr><td rowspan="10">당신은 / 래요?</td><td>갈</td><td>콘서트에</td></tr>
<tr><td>떠날</td><td>잠시 후에</td></tr>
<tr><td>내기 할</td><td>이번에</td></tr>
<tr><td>주문할</td><td>지금</td></tr>
<tr><td>나갈</td><td>맥주 마시러</td></tr>
<tr><td>이거 먹을</td><td>아침으로</td></tr>
<tr><td>택시 합승할</td><td>나랑</td></tr>
<tr><td>잠시 쉴</td><td>커피 좀 마시기 위해</td></tr>
<tr><td>휴식 좀 취할</td><td>집에서</td></tr>
<tr><td>하이킹하러 갈</td><td>우리와 함께</td></tr>
</table>

Do you / want

to go
to leave
to bet
to order
to go out
to eat this
to share a taxi
to take a break
to get some rest
to go for a hike

Do you / want

to go	to a concert
to leave	a little bit later
to bet	this time
to order	now
to go out	for a beer
to eat this	for breakfast
to share a taxi	with me
to take a break	to get some coffee
to get some rest	at home
to go for a hike	with us

● STEP **01** **기초 문장** 말하기

넌 / 좋아해?

여행하는 거
쇼핑하는 거
수다 떠는 거
샌드위치 먹는 거
영화 보는 거
사진 찍는 거
머리 염색하는 거
산책하는 거
수영하러 가는 거
혼자 있는 거

● STEP **02** **확장 문장** 만들기

넌 / 좋아해?

여행하는 거	혼자 또는 단체로
쇼핑하는 거	백화점에서
수다 떠는 거	네 친구들과
샌드위치 먹는 거	점심으로
영화 보는 거	네 여가 시간에
사진 찍는 거	자기 자신을
머리 염색하는 거	미용실에서
산책하는 거	숲속을
수영하러 가는 거	네 친구들과
혼자 있는 거	집에

114

Do you / like / to부정사 / 확장어구

pattern_052.mp3

Do you / like

to travel
to shop
to chat
to eat sandwiches
to watch movies
to take pictures
to dye your hair
to take a walk
to go for a swim
to be alone

Do you / like

to travel	alone or in a group
to shop	at a department store
to chat	with your friends
to eat sandwiches	for lunch
to watch movies	in your spare time
to take pictures	of yourself
to dye your hair	at the hair salon
to take a walk	in the woods
to go for a swim	with your friends
to be alone	at home

● STEP **01** **기초 문장** 말하기

당신은 / 해요?

일해야
그걸 해야
빵을 만들어야
아침 굶어야
이걸 주문해야
그녀를 거기 데려가야
상을 차려야
출근해야
머리 잘라야
집을 나서야

● STEP **02** **확장 문장** 만들기

당신은 / 해요?

일해야	당신 사무실에서
그걸 해야	당신 혼자서
빵을 만들어야	점심으로
아침 굶어야	다양한 이유로
이걸 주문해야	즉시
그녀를 거기 데려가야	금요일 밤에
상을 차려야	혼자서
출근해야	토요일에
머리 잘라야	기분 전환으로
집을 나서야	아침 일찍

pattern_053.mp3

Do you / have

to work
to do that
to make bread
to skip breakfast
to order this
to take her there
to set the table
to go to work
to get a haircut
to leave your house

---

	to work	in your office
	to do that	by yourself
	to make bread	for lunch
	to skip breakfast	for various reasons
	to order this	immediately
Do you / have	to take her there	on Friday night
	to set the table	alone
	to go to work	on Saturday
	to get a haircut	for a change
	to leave your house	early in the morning

117

• STEP 01 **기초 문장** 말하기

당신은 / 해요?

운동해야
운전해야
샘에게 연락해야
그걸 취소해야
짧은 머리를 해야
집으로 돌아가야
정장을 입어야
마음 바꿔야
결정을 내려야
밤새워야

• STEP 02 **확장 문장** 만들기

당신은 / 해요?	운동해야	당신 건강을 위해
	운전해야	샌프란시스코까지
	샘에게 연락해야	그의 휴대폰으로
	그걸 취소해야	사전에
	짧은 머리를 해야	긴 머리 보다
	집으로 돌아가야	운동 후
	정장을 입어야	그 파티에 가려면
	마음 바꿔야	갑자기
	결정을 내려야	가능한 빨리
	밤새워야	시험 준비로

Do you / need

to exercise
to drive
to reach Sam
to cancel it
to have short hair
to get back home
to wear a suit
to change your mind
to make your decision
to stay up all night

Do you / need

to exercise	for your health
to drive	to San Francisco
to reach Sam	on his cell phone
to cancel it	beforehand
to have short hair	rather than long hair
to get back home	after a workout
to wear a suit	for the party
to change your mind	all of a sudden
to make your decision	as soon as possible
to stay up all night	to prepare for the exam

● STEP **01** **기초 문장** 말하기

당신은 /
몹시 싫어해요?

거짓말 하는 거
술 마시는 거
공부하는 거
이런 말 하는 거
혼자 일하는 거
초과 근무하는 거
일찍 잠에서 깨어나는 거
설거지 하는 거
혼자 있는 거
지각하는 거

● STEP **02** **확장 문장** 만들기

	거짓말 하는 거	누군가에게
	술 마시는 거	밤늦게
	공부하는 거	학교에서
	이런 말 하는 거	그녀에게
당신은 /	혼자 일하는 거	주말에
몹시 싫어해요?	초과 근무하는 거	매일
	일찍 잠에서 깨어나는 거	아침마다
	설거지 하는 거	부엌에서
	혼자 있는 거	당신 아파트에
	지각하는 거	직장에

Do you / hate

to lie
to drink
to study
to say this
to work alone
to work overtime
to wake up early
to do the dishes
to be alone
to be late

Do you / hate

to lie	to someone
to drink	late at night
to study	at school
to say this	to her
to work alone	on weekends
to work overtime	every day
to wake up early	in the mornings
to do the dishes	in the kitchen
to be alone	in your apartment
to be late	for work

● STEP **01** **기초 문장** 말하기

당신은 / 해요

가야
일해야
떠나야
서둘러야
그녀를 잊어야
뭔가를 해야
최선을 다해야
택시 타야
쇼핑 목록을 작성해야
술 줄여야

● STEP **02** **확장 문장** 만들기

당신은 / 해요

가야	병원에
일해야	그들과 함께
떠나야	지금 당장
서둘러야	제때에 거기 도착하려면
그녀를 잊어야	영원히
뭔가를 해야	이 문제에 대해
최선을 다해야	끝까지
택시 타야	여기서 거기 가려면
쇼핑 목록을 작성해야	쇼핑 가기 전에
술 줄여야	당신 건강을 위해

You / have

to go
to work
to leave
to hurry up
to forget her
to do something
to do your best
to take a taxi
to make a shopping list
to cut down on drinking

You / have		
	to go	to the hospital
	to work	with them
	to leave	right now
	to hurry up	to be there on time
	to forget her	forever
	to do something	about this problem
	to do your best	to the end
	to take a taxi	to get there from here
	to make a shopping list	before going shopping
	to cut down on drinking	for your health

STEP 01 **기초 문장** 말하기

당신은 / 필요가 없어요

걱정할
기다릴
끼니를 거를
날 도와줄
그거 할
여기에 머물
거기 갈
헤어스타일 바꿀
정장할
배낭을 가지고 다닐

STEP 02 **확장 문장** 만들기

당신은 / 필요가 없어요

걱정할	당신 미래에 대해
기다릴	줄 서서
끼니를 거를	살 빼려고
날 도와줄	내 일 하는 거
그거 할	오후에
여기에 머물	우리와
거기 갈	오후 늦게
헤어스타일 바꿀	이번에는
정장할	그리고 넥타이를
배낭을 가지고 다닐	당신이 산책할 때

124

● You / don't have / to부정사 / 확장어구

pattern_057.mp3

**You /
don't have**

to worry

to wait

to skip meals

to help me

to do that

to stay here

to go there

to change your hairstyle

to wear a suit

to carry your backpack

---

	to worry	about your future
	to wait	in line
	to skip meals	to lose weight
	to help me	with my work
You / don't have	to do that	in the afternoon
	to stay here	with us
	to go there	late in the afternoon
	to change your hairstyle	this time
	to wear a suit	and tie
	to carry your backpack	when you take a walk

STEP 01 기초 문장 말하기

당신은 / 해요	머물러야
	가야
	돌아가야
	일찍 떠나야
	돈을 아껴야
	병원에 가봐야
	돈 갚아야
	날 깨워야
	재킷을 벗어야
	시력 검사를 해야

STEP 02 확장 문장 만들기

	머물러야	이 호텔에
	가야	당신 남동생과 함께
	돌아가야	집에
	일찍 떠나야	기차 타려면
당신은 / 해요	돈을 아껴야	당신 미래를 위해
	병원에 가봐야	당신이 집에 돌아오는 길에
	돈 갚아야	내일까지
	날 깨워야	당신이 출근하기 전에
	재킷을 벗어야	그리고 신발
	시력 검사를 해야	즉시

You / should

stay
go
get back
leave early
save money
see a doctor
pay me back
wake me up
take off your jacket
get your eyes examined

You / should

stay	at this hotel
go	with your little brother
get back	home
leave early	to catch the train
save money	for your future
see a doctor	on your way back home
pay me back	by tomorrow
wake me up	before you leave for work
take off your jacket	and shoes
get your eyes examined	immediately

● STEP **01** **기초 문장** 말하기

당신은 / 안 돼요	거짓말 하면
	술 마시면
	그거 하면
	그런 말 하면
	이거 만지면
	심각하게 받아들이면
	나한테 말하면
	당신 가방 두면
	여기 있으면
	늦으면

● STEP **02** **확장 문장** 만들기

	거짓말 하면	우리에게
	술 마시면	퇴근 후에
	그거 하면	내 앞에서
	그런 말 하면	토니에게
당신은 / 안 돼요	이거 만지면	테이블 위에 있는
	심각하게 받아들이면	이번에
	나한테 말하면	그런 식으로
	당신 가방 두면	차 안에
	여기 있으면	나랑
	늦으면	당신 인터뷰에

You / shouldn't

lie
drink
do that
say that
touch this
take it seriously
talk to me
leave your bag
be here
be late

You / shouldn't

lie	to us
drink	after work
do that	in front of me
say that	to Tony
touch this	on the table
take it seriously	this time
talk to me	like that
leave your bag	in the car
be here	with me
be late	for your interview

STEP 01 기초 문장 말하기

넌 / 좋겠어	듣는 게
	떠나는 게
	여기서 쉬는 게
	나한테 얘기하는 게
	여기 머무르는 게
	살 빼는 게
	진정하는 게
	조심하는 게
	주의하는 게
	솔직했으면

STEP 02 확장 문장 만들기

	듣는 게	내 말
	떠나는 게	조금 있다가
	여기서 쉬는 게	새벽까지
	나한테 얘기하는 게	그것에 대해
	여기 머무르는 게	당분간
넌 / 좋겠어	살 빼는 게	네 건강을 위해
	진정하는 게	잠시
	조심하는 게	네가 길을 건널 때
	주의하는 게	오늘 네가 하는 것에
	솔직했으면	나한테

**You /
had better**

listen
leave
rest here
tell me
stay here
lose weight
calm down
watch out
be careful
be honest

---

	listen	to me
	leave	a little later
	rest here	until the dawn
	tell me	about it
You /	stay here	for a while
had better	lose weight	for your health
	calm down	for a moment
	watch out	when you cross the street
	be careful	of what you do today
	be honest	with me

● STEP **01** **기초 문장** 말하기

누구 / 예요?

그녀는
샘이
저 소년은
저 여자는
이 아가씨는
이 친구는
당신 부인이
당신의 가장 친한 친구는
저 사람들은
저 아이들은

● STEP **02** **확장 문장** 만들기

누구 / 예요?

그녀는	저기 있는
샘이	이 사람들 중에
저 소년은	잭 뒤에 서 있는
저 여자는	길 건너
이 아가씨는	당신 옆에 앉아 있는
이 친구는	사진 속에
당신 부인이	이 두 여자들 중에
당신의 가장 친한 친구는	대학에서
저 사람들은	밖에서 일하고 있는
저 아이들은	운동장에 있는

● Who / is (are) / 명사/대명사 / 확장어구

Who / is

she
Sam
the boy
the woman
this lady
this guy
your wife
your best friend
those people
those kids

Who / are

Who / is	she	over there
	Sam	among these people
	the boy	standing behind Jack
	the woman	across the street
	this lady	sitting next to you
	this guy	in the picture
	your wife	out of these two women
	your best friend	in college
Who / are	those people	working outside
	those kids	in the playground

STEP 01 **기초 문장** 말하기

누구 / 예요? / 당신의

친구가
선생님이
룸메이트가
어머님이
남자 친구가
친한 친구가
남동생이
수학 선생님이
가장 좋아하는 가수가
가장 좋아하는 영화배우가

STEP 02 **확장 문장** 만들기

누구 / 예요? / 당신의

친구가
선생님이
룸메이트가
어머님이
남자 친구가
친한 친구가
남동생이
수학 선생님이
가장 좋아하는 가수가
가장 좋아하는 영화배우가

이 사진에서
영어회화
이 그룹에서
이 두 여성분 중에
저 사람들 중에서
이들 중에
이 사진에서
학교에서
한국에서
할리우드에서

Who / is / your

friend
teacher
roommate
mother
boyfriend
close friend
little bother
math teacher
favorite singer
favorite movie star

Who / is / your		
	friend	in this picture
	teacher	for English Conversation
	roommate	in this group
	mother	out of these two women
	boyfriend	among those people
	close friend	among these guys
	little bother	in this picture
	math teacher	at school
	favorite singer	in Korea
	favorite movie star	in Hollywood

135

STEP 01 **기초 문장** 말하기

누구예요? / 당신이

싫어하는 분이
가장 좋아하는 분이
함께 수다 떠는 분이
함께 일하는 분이
함께 술 마시는 분이
함께 골프 치는 분이
함께 점심 먹는 분이
어울려 지내는 분이
초대하고 싶은 분이
존경하는 분이

STEP 02 **확장 문장** 만들기

	싫어하는 분이	가장
	가장 좋아하는 분이	당신 가족 중에
	함께 수다 떠는 분이	전화로
	함께 일하는 분이	당신 사무실에서
누구예요? / 당신이	함께 술 마시는 분이	퇴근 후에
	함께 골프 치는 분이	요즘에
	함께 점심 먹는 분이	정오에
	어울려 지내는 분이	당신 자유 시간에
	초대하고 싶은 분이	당신 생일 파티에
	존경하는 분이	이 사람들 중에

Who / do you

dislike
like most
chat with
work with
drink with
play golf with
have lunch with
hang out with
want to invite
look up to

Who / do you

dislike	most
like most	in your family
chat with	on the phone
work with	in your office
drink with	after work
play golf with	these days
have lunch with	at noon
hang out with	in your free time
want to invite	to your birthday party
look up to	among these people

● STEP **01** **기초 문장** 말하기

누구예요? / 당신이

만났던 분이
사랑했던 분이
존경했던 분이
용서했던 분이
그리워했던 분이
닮았던 분이
함께 일했던 분이
점심 같이 먹었던 분이
함께 산책하러 갔던 분이
함께 영화 보러 갔던 분이

● STEP **02** **확장 문장** 만들기

만났던 분이	아침에
사랑했던 분이	옛날에
존경했던 분이	당신이 어렸을 때
용서했던 분이	며칠 전에
그리워했던 분이	당신이 로스앤젤레스에 있었던 동안에
누구예요? / 당신이	
닮았던 분이	당신 가족에서
함께 일했던 분이	당신이 일본에 있었을 때
점심 같이 먹었던 분이	어제
함께 산책하러 갔던 분이	점심 식사 후
함께 영화 보러 갔던 분이	지난 토요일에

pattern_064_mp3

Who / did you

meet
love
respect
forgive
miss
look like
work with
have lunch with
go for a walk with
go to the movies with

	meet	in the morning
	love	in the past
	respect	when you were young
	forgive	a couple of days ago
	miss	while you were
Who / did you		in Los Angeles
	look like	in your family
	work with	when you were in Japan
	have lunch with	yesterday
	go for a walk with	after lunch
	go to the movies with	last Saturday

STEP 01 기초 문장 말하기

누가 / 거예요?

신디에게 전화할
이거 할
나와 함께 할
이걸 먹을
날 데리러 올
그녀 배웅을 할
계산서 지불을 할
나에게 저녁을 살
파티를 열
날 태워다 줄

STEP 02 확장 문장 만들기

	신디에게 전화할	내일
	이거 할	우리와 함께
	나와 함께 할	점심 식사를
	이걸 먹을	테이블 위에 있는
	날 데리러 올	기차역으로
누가 / 거예요?	그녀 배웅을 할	공항에서
	계산서 지불을 할	이번에는
	나에게 저녁을 살	저녁에
	파티를 열	샘을 위해
	날 태워다 줄	쇼핑몰까지

Who / will

call Cindy
do this
join me
eat this
pick me up
see her off
pay the bill
buy me dinner
throw a party
give me a lift

Who / will		
call Cindy	tomorrow
do this	with us
join me	for lunch
eat this	on the table
pick me up	at the train station
see her off	at the airport
pay the bill	this time
buy me dinner	in the evening
throw a party	for Sam
give me a lift	to the shopping mall

● STEP **01** **기초 문장** 말하기

어디에 / 있어요?

새로운 사람
당신 사무실은
이 장소는
공항은
택시 승차장은
버스 정류장은
가장 가까운 중국집은
가장 가까운 버스 터미널은
당신 친구들은
당신 신발과 양말은

● STEP **02** **확장 문장** 만들기

	새로운 사람	당신이 내게 말했던
	당신 사무실은	도시에서
	이 장소는	지도상에서
	공항은	여기서부터
	택시 승차장은	이 근처에서
어디에 / 있어요?	버스 정류장은	시내로 가는
	가장 가까운 중국집은	이 동네에서
	가장 가까운 버스 터미널은	이 지역에서
	당신 친구들은	뉴욕에 온
	당신 신발과 양말은	당신이 어제 샀던

142

pattern_066.mp3

Where / is	the new guy
	your office
	this place
	the airport
	the taxi stand
	the bus stop
	the nearest Chinese restaurant
	the nearest bus terminal
Where / are	your friends
	your shoes and socks

Where / is	the new guy	that you told me about
	your office	in the city
	this place	on the map
	the airport	from here
	the taxi stand	around here
	the bus stop	to go downtown
	the nearest Chinese restaurant	in this neighborhood
	the nearest bus terminal	in this area
Where / are	your friends	from New York
	your shoes and socks	that you bought yesterday

STEP 01 기초 문장 말하기

어디서 / 당신은

공부해요?
일해요?
수영해요?
노래해요?
요가해요?
운동해요?
영어 배워요?
식사를 해요?
목욕해요?
산책해요?

STEP 02 확장 문장 만들기

	공부해요?	주말에는
	일해요?	주중에는
	수영해요?	아침마다
	노래해요?	당신 친구들과
	요가해요?	당신 몸을 강하게 만들기 위해
어디서 / 당신은	운동해요?	매일
	영어 배워요?	퇴근 후에
	식사를 해요?	당신 가족이랑
	목욕해요?	혼자
	산책해요?	당신 혼자서

Where / do you

study
work
swim
sing
do yoga
work out
learn English
have a meal
take a bath
take a walk

Where / do you

study	on weekends
work	on weekdays
swim	in the mornings
sing	with your friends
do yoga	to make your body strong
work out	every day
learn English	after work
have a meal	with your family
take a bath	alone
take a walk	by yourself

STEP 01 기초 문장 말하기

어디서 / 당신은

운동했어요?
일했어요?
잤어요?
아침 먹었어요?
커피 마셨어요?
그에게 전화했어요?
샤워했어요?
술 마셨어요?
이 코트 샀어요?
친구들을 만났어요?

STEP 02 확장 문장 만들기

어디서 / 당신은

운동했어요?	아침 식사 전에
일했어요?	작년에
잤어요?	지난밤에
아침 먹었어요?	오늘 아침에
커피 마셨어요?	당신 여자 친구랑
그에게 전화했어요?	그의 휴대폰으로
샤워했어요?	아침에
술 마셨어요?	당신 직장 동료들과
이 코트 샀어요?	당신 아버지를 위해
친구들을 만났어요?	몇 시간 전에

Where / did you

exercise
work
sleep
have breakfast
drink coffee
call him
take a shower
have a drink
get this coat
meet your friends

Where / did you

	exercise	before breakfast
	work	last year
	sleep	last night
	have breakfast	this morning
	drink coffee	with your girlfriend
	call him	on his cell phone
	take a shower	in the morning
	have a drink	with your co-workers
	get this coat	for your father
	meet your friends	a couple of hours ago

● STEP **01** **기초 문장** 말하기

어디서 / 내가	일해야 돼?
	머물러야 돼?
	기다려야 돼?
	다음 기차를 타야 돼?
어디에 / 내가	투자해야 돼?
	가야 돼?
	요청해야 돼?
	문의를 해야 돼?
	내 차 주차해야 돼?
	이 보고서 제출해야 돼?

● STEP **02** **확장 문장** 만들기

어디서 / 내가	일해야 돼?	오후에
	머물러야 돼?	오늘밤
	기다려야 돼?	그를
	다음 기차를 타야 돼?	런던 가는
어디에 / 내가	투자해야 돼?	내 돈을
	가야 돼?	즐겁게 놀려면
	요청해야 돼?	도움 좀 얻으려면
	문의를 해야 돼?	수업에 대해
	내 차 주차해야 돼?	이 근처에서
	이 보고서 제출해야 돼?	마감 전까지

Where / should I

work
stay
wait
catch the next train
invest
go
ask
inquire
park my car
submit this report

Where / should I		
	work	in the afternoon
	stay	for tonight
	wait	for him
	catch the next train	to London
	invest	my money
	go	for fun
	ask	for some help
	inquire	about a class
	park my car	around here
	submit this report	before the deadline

● STEP **01** **기초 문장** 말하기

<table>
<tr><td rowspan="9">어디서 / 내가</td><td>잘 수 있어요?</td></tr>
<tr><td>당신을 볼 수 있어요?</td></tr>
<tr><td>제인 만날 수 있어요?</td></tr>
<tr><td>표를 구입할 수 있어요?</td></tr>
<tr><td>택시 탈 수 있어요?</td></tr>
<tr><td>옷 갈아입을 수 있어요?</td></tr>
<tr><td>이 재킷을 입어볼 수 있어요?</td></tr>
<tr><td>버스표를 살 수 있어요?</td></tr>
<tr><td>버스 정류장을 찾을 수 있어요?</td></tr>
<tr><td>셔틀버스를 탈 수 있어요?</td></tr>
</table>

● STEP **02** **확장 문장** 만들기

어디서 / 내가	잘 수 있어요?	오늘밤
	당신을 볼 수 있어요?	다음번에
	제인 만날 수 있어요?	화요일 밤에
	표를 구입할 수 있어요?	오늘밤 공연
	택시 탈 수 있어요?	이 근처에서
	옷 갈아입을 수 있어요?	파티를 위해
	이 재킷을 입어볼 수 있어요?	그걸 사기 전에
	버스표를 살 수 있어요?	덴버행
	버스 정류장을 찾을 수 있어요?	시내 가는
	셔틀버스를 탈 수 있어요?	아침마다

150

Where / can I

sleep
see you
meet Jane
buy tickets
get a taxi
change my clothes
try on this jacket
get a bus ticket
find the bus stop
take the shuttle bus

Where / can I		
	sleep	tonight
	see you	next time
	meet Jane	on Tuesday night
	buy tickets	for tonight's performance
	get a taxi	around here
	change my clothes	for the party
	try on this jacket	before buying it
	get a bus ticket	to Denver
	find the bus stop	to go downtown
	take the shuttle bus	in the mornings

• STEP 01 기초 문장 말하기

언제 / 예요?

내 차례가
그의 결혼이
그녀 생일이
그 날이
마감일이
인터뷰가
출시 날짜가
다음 버스는
가장 좋은 때가
다음 출발시간은

• STEP 02 확장 문장 만들기

언제 / 예요?

내 차례가	저녁 식사 낼
그의 결혼이	서울에서
그녀 생일이	당신은 그게 언제인지 알아요
그 날이	당신이 병원에 가야 하는
마감일이	이 보고서
인터뷰가	기자랑
출시 날짜가	이 새 제품의
다음 버스는	시카고 가는
가장 좋은 때가	제주도에 가기에
다음 출발시간은	토론토행

When / is

my turn
his wedding
her birthday
the day
the deadline
the interview
the launch date
the next bus
the best time
the next departure time

When / is

my turn	to pay for dinner
his wedding	in Seoul
her birthday	Do you know when it is
the day	you have to see a doctor
the deadline	for this report
the interview	with a reporter
the launch date	for this new product
the next bus	to Chicago
the best time	to go to Jeju Island
the next departure time	to Toronto

STEP **01** **기초 문장** 말하기

언제 / 예요? / 당신의

봉급날이
여행이
약속이
데이트가
인터뷰가
공연이
모임이
진료 예약은
출장이
여름휴가가

STEP **02** **확장 문장** 만들기

	봉급날이	이번 달
	여행이	이탈리아로
	약속이	샘이랑
	데이트가	켈리와의
	인터뷰가	리사와의
언제 / 예요? / 당신의	공연이	부산에서
	모임이	그 사업 파트너와
	진료 예약은	당신 눈에 대한
	출장이	일본으로
	여름휴가가	올해

When / is / your

payday
trip
appointment
date
interview
performance
meeting
doctor's appointment
business trip
summer vacation

When / is / your		
	payday	this month
	trip	to Italy
	appointment	with Sam
	date	with Kelly
	interview	with Lisa
	performance	in Busan
	meeting	with the business partner
	doctor's appointment	for your eyes
	business trip	to Japan
	summer vacation	this year

STEP 01 **기초 문장** 말하기

언제 / 당신은

술 마셔요?
자요?
조깅해요?
혼자 밥 먹어요?
집에 머물러요?
TV 시청해요?
운동해요?
식사를 해요?
음악을 들어요?
스트레스 받아요?

STEP 02 **확장 문장** 만들기

언제 / 당신은

술 마셔요?	당신의 친한 친구들과
자요?	당신 침대에서
조깅해요?	공원에서
혼자 밥 먹어요?	집에서
집에 머물러요?	당신 딸들과
TV 시청해요?	혼자서
운동해요?	헬스장에서
식사를 해요?	당신 가족이랑
음악을 들어요?	당신 스마트폰으로
스트레스 받아요?	당신 일로부터

When / do you

drink
sleep
jog
eat alone
stay home
watch TV
work out
have a meal
listen to music
feel stressed out

When / do you

drink	with your close friends
sleep	in your bed
jog	in the park
eat alone	at home
stay home	with your daughters
watch TV	by yourself
work out	at the gym
have a meal	with your family
listen to music	on your smartphone
feel stressed out	from your work

STEP 01 기초 문장 말하기

언제 / 당신은

은퇴했어요?
돌아왔어요?
이거 샀어요?
여기 왔어요?
신디를 만났어요?
결혼했어요?
거기 도착했어요?
도쿄에 갔어요?
당신 지갑을 잃어버렸어요?
파티를 열었어요?

STEP 02 확장 문장 만들기

언제 / 당신은		
	은퇴했어요?	회사에서
	돌아왔어요?	한국으로
	이거 샀어요?	생일 선물로
	여기 왔어요?	당신 가족과
	신디를 만났어요?	커피숍에서
	결혼했어요?	그 사람과
	거기 도착했어요?	당신 반 친구랑
	도쿄에 갔어요?	기차로
	당신 지갑을 잃어버렸어요?	길에서
	파티를 열었어요?	당신 룸메이트를 위해

When / did you

retire
return
buy this
come here
meet Cindy
get married
get there
go to Tokyo
lose your wallet
throw a party

When / did you

retire	from the company
return	to Korea
buy this	as a birthday present
come here	with your family
meet Cindy	at a coffee shop
get married	to him
get there	with your classmate
go to Tokyo	by train
lose your wallet	on the street
throw a party	for your roommate

● STEP **01** **기초 문장** 말하기

언제 / 내가

떠날 수 있어요?
그걸 할 수 있어요?
당신에게 연락할 수 있어요?
당신에게 전화할 수 있어요?
체크아웃 할 수 있어요?
잠시 들를 수 있을까요?
당신을 볼 수 있어요?
당신 책을 빌릴 수 있어요?
환불 받을 수 있어요?
테이블 예약할 수 있어요?

● STEP **02** **확장 문장** 만들기

떠날 수 있어요?	이 장소를
그걸 할 수 있어요?	당신이랑
당신에게 연락할 수 있어요?	오늘
당신에게 전화할 수 있어요?	이 전화번호로
체크아웃 할 수 있어요?	호텔에서
언제 / 내가 잠시 들를 수 있을까요?	당신 사무실을
당신을 볼 수 있어요?	다시
당신 책을 빌릴 수 있어요?	당신으로부터
환불 받을 수 있어요?	이 드레스
테이블 예약할 수 있어요?	세 명

pattern_075.mp3

When / can I

leave
do that
reach you
call you
check out
stop by
see you
borrow your book
get a refund
book a table

When / can I

leave		this place
do that		with you
reach you		today
call you		at this number
check out		of the hotel
stop by		your office
see you		again
borrow your book		from you
get a refund		for this dress
book a table		for three

● STEP **01** **기초 문장** 말하기

왜 / 넌	행복해?
	속상해?
	졸려?
	피곤해?
	그렇게 긴장돼?
	그렇게 까다로워?
	그렇게 화난 거야?
	그렇게 걱정돼?
	그렇게 신나?
	그렇게 관심 있어?

● STEP **02** **확장 문장** 만들기

	행복해?	지금
	속상해?	그것에 대해
	졸려?	점심 먹고 나서
	피곤해?	오늘
왜 / 넌	그렇게 긴장돼?	해외 나가는 것에
	그렇게 까다로워?	네 음식에
	그렇게 화난 거야?	나한테
	그렇게 걱정돼?	네 미래에 대해
	그렇게 신나?	여행에
	그렇게 관심 있어?	그에게

162

Why / are you

happy
upset
sleepy
tired
so nervous
so picky
so mad
so worried
so excited
so interested

Why / are you

happy	now
upset	about that
sleepy	after eating lunch
tired	today
so nervous	about going abroad
so picky	with your food
so mad	at me
so worried	about your future
so excited	about traveling
so interested	in him

STEP 01 **기초 문장** 말하기

걷고 있어요?
소리 지르고 있어요?
기도하고 있어요?
웃고 있어요?

왜 / 당신은

노래 부르고 있어요?
공부하고 있어요?
그걸 하고 있어요?
이 쇼를 구경하고 있어요?
그걸 먹고 있어요?
나한테 말하고 있어요?

STEP 02 **확장 문장** 만들기

	걷고 있어요?	공원에서
	소리 지르고 있어요?	나한테
	기도하고 있어요?	여기서
	웃고 있어요?	샘을 보고
	노래 부르고 있어요?	사람들 앞에서
왜 / 당신은	공부하고 있어요?	도서관에서
	그걸 하고 있어요?	다시
	이 쇼를 구경하고 있어요?	당신의 절친이랑
	그걸 먹고 있어요?	점심으로
	나한테 말하고 있어요?	그런 식으로

pattern_077.mp3

Why / are you

walking
yelling
praying
smiling
singing
studying
doing that
watching this show
eating that
talking to me

Why / are you	walking	in the park
	yelling	at me
	praying	here
	smiling	at Sam
	singing	in front of people
	studying	at the library
	doing that	again
	watching this show	with your best friend
	eating that	for lunch
	talking to me	like that

165

● STEP **01** **기초 문장** 말하기

왜 / 넌	일해?
	운동해?
	술 마셔?
	불평해?
	그를 사랑해?
	일찍 자?
	축구를 해?
	여행하는 걸 좋아해?
	일찍 일어나?
	영화 보는 걸 정말 좋아해?

● STEP **02** **확장 문장** 만들기

	일해?	토니와
	운동해?	아침마다 일찍
	술 마셔?	너 퇴근 후에
	불평해?	네 새로운 직업에 대해
왜 / 넌	그를 사랑해?	그렇게 많이
	일찍 자?	매일 밤
	축구를 해?	일요일마다
	여행하는 걸 좋아해?	네 가족들과
	일찍 일어나?	매일 아침
	영화 보는 걸 정말 좋아해?	집에서

166

Why / do you

work
exercise
drink
complain
love him
sleep early
play soccer
like travelling
get up early
love watching movies

Why / do you

work	with Tony
exercise	early in the mornings
drink	after you get off work
complain	about your new job
love him	so much
sleep early	every night
play soccer	on Sundays
like travelling	with your family
get up early	every morning
love watching movies	at home

● STEP **01** **기초 문장** 말하기

왜 / 당신은

울었어요?
기다렸어요?
거기 갔어요?
늦게 일어났어요?
나한테 문자 보냈어요?
여기 왔어요?
그런 말 했어요?
비행을 취소했어요?
내 주소 까먹었어요?
병원에 갔어요?

● STEP **02** **확장 문장** 만들기

왜 / 당신은		
	울었어요?	오늘 아침에
	기다렸어요?	절
	거기 갔어요?	그저께
	늦게 일어났어요?	아침에
	나한테 문자 보냈어요?	출근 전에
	여기 왔어요?	지난 금요일에
	그런 말 했어요?	나한테
	비행을 취소했어요?	홍콩행
	내 주소 까먹었어요?	내가 바로 어제 당신에게 얘기했을 때
	병원에 갔어요?	직장으로 돌아가는 길에

168

Why / did you

cry
wait
go there
get up late
text me
come here
say that
cancel your flight
forget my address
see a doctor

Why / did you

	cry	this morning
	wait	for me
	go there	the day before yesterday
	get up late	in the morning
	text me	before work
	come here	last Friday
	say that	to me
	cancel your flight	to Hong Kong
	forget my address	when I told you
		just yesterday
	see a doctor	on your way back to work

● STEP **01** **기초 문장** 말하기

왜 / 넌

더 열심히 일 안 했어?
나한테 전화 안 했어?
나한테 얘기 안 했어?
걔한테 요청 안 했어?
출근 안 했어?
머리 안 잘랐어?
파일 저장 안 했어?
운전하는 거 안 배웠어?
그 동호회에 가입 안 했어?
수영하러 가지 않았어?

● STEP **02** **확장 문장** 만들기

	더 열심히 일 안 했어?	어제
	나한테 전화 안 했어?	내 휴대폰으로
	나한테 얘기 안 했어?	그것에 대해
	걔한테 요청 안 했어?	도움 좀
왜 / 넌	출근 안 했어?	제 시간에
	머리 안 잘랐어?	미용실에서
	파일 저장 안 했어?	그 당시에
	운전하는 거 안 배웠어?	네가 젊었을 때
	그 동호회에 가입 안 했어?	네가 대학에 다녔을 때
	수영하러 가지 않았어?	네 형이랑

Why / didn't you

work harder
call me
tell me
ask him
get to work
get a haircut
save the file
learn to drive
join the club
go for a swim

Why / didn't you		
	work harder	yesterday
	call me	on my cell phone
	tell me	about it
	ask him	for some help
	get to work	on time
	get a haircut	at the hair salon
	save the file	at that time
	learn to drive	when you were young
	join the club	when you were in college
	go for a swim	with your elder brother

STEP 01 **기초 문장** 말하기

뭐 / 예요?	그게 이게 그녀 이름이 목적이 이유가 차이점이 가격이 문제가 가장 좋은 방법이 그의 새 주소가

STEP 02 **확장 문장** 만들기

	그게	당신 책상 위에 있는
	이게	당신 옆에 있는
	그녀 이름이	다시 한 번
	목적이	당신 방문의
뭐 / 예요?	이유가	새 일자리가 필요한
	차이점이	이 두 차 사이에
	가격이	이 배낭
	문제가	당신 차의
	가장 좋은 방법이	이 호텔에 도착하는 데
	그의 새 주소가	그리고 전화번호가

pattern_081.mp3

What / is

that
this
her name
the purpose
the reason
the difference
the price
the problem
the best way
his new address

What / is

that	on your desk
this	next to you
her name	again
the purpose	of your visit
the reason	to find a new job
the difference	between these two cars
the price	of this backpack
the problem	with your car
the best way	to get to this hotel
his new address	and phone number

STEP 01 기초 문장 말하기

뭐 / 예요? / 당신의	직업이
	이름이
	전공이
	꿈이
	의견이
	제안이
	비전이
	목표가
	가장 좋아하는 영화가
	가장 좋아하는 색깔이

STEP 02 확장 문장 만들기

뭐 / 예요? / 당신의	직업이	지금
	이름이	그리고 전화번호가
	전공이	대학에서
	꿈이	미래에 대한
	의견이	이 문제에
	제안이	이 디자인에 대한
	비전이	당신 삶에 대한
	목표가	2018년
	가장 좋아하는 영화가	한국에서
	가장 좋아하는 색깔이	무지개 색깔들 중에서

What / is / your

job
name
major
dream
opinion
suggestion
vision
goal
favorite movie
favorite color

What / is / your		
	job	now
	name	and number
	major	in college
	dream	for the future
	opinion	on this
	suggestion	about this design
	vision	for your life
	goal	for 2018
	favorite movie	in Korea
	favorite color	among the rainbow colors

175

● STEP **01** **기초 문장** 말하기

무엇을 / 당신은

가지고 있어요?
즐겨요?
해요?
배워요?
마셔요?
요리해요?
먹어요?
구입해요?
하는 거 좋아해요?
하고 싶어요?

● STEP **02** **확장 문장** 만들기

무엇을 / 당신은

가지고 있어요?	당신 주머니에
즐겨요?	당신 자유 시간에
해요?	생계수단으로
배워요?	대학에서
마셔요?	당신이 스트레스 받을 때
요리해요?	당신 가족을 위해
먹어요?	아침으로
구입해요?	크리스마스 선물로
하는 거 좋아해요?	나랑
하고 싶어요?	오후에

What / do you

have
enjoy
do
learn
drink
cook
eat
buy
like to do
want to do

What / do you		
	have	in your pocket
	enjoy	in your free time
	do	for a living
	learn	in college
	drink	when you feel stressed out
	cook	for your family
	eat	for breakfast
	buy	as a Christmas present
	like to do	with me
	want to do	in the afternoon

STEP 01 **기초 문장** 말하기

무엇을 / 당신은

배웠어요?
마셨어요?
먹었어요?
생각했어요?
읽었어요?
말했어요?
좋아했어요?
샀어요?
그에게 물어봤어요?

무엇에 대해 / 당신은

제니와 얘기했어요?

STEP 02 **확장 문장** 만들기

무엇을 / 당신은	배웠어요?	당신 일 경험으로부터
	마셨어요?	이 커피숍에서
	먹었어요?	아침으로
	생각했어요?	내 제안에 대해
	읽었어요?	당신 자유 시간에
	말했어요?	짐에게
	좋아했어요?	당신이 어렸을 때
	샀어요?	내 생일 선물로
	그에게 물어봤어요?	그것에 대해
무엇에 대해 / 당신은	제니와 얘기했어요?	당신이 사무실에 있었을 때

178

What / did you

learn
drink
have
think
read
say
like
get
ask him
talk to Jenny about

What / did you		
	learn	from your work experiences
	drink	at this coffee shop
	have	for breakfast
	think	about my suggestion
	read	in your free time
	say	to Jim
	like	when you were little
	get	for my birthday present
	ask him	about it
	talk to Jenny about	when you were in the office

STEP 01 기초 문장 말하기

	여행하는 거
	수영하는 거
	술 마시는 거
	배드민턴 치는 거
어때요?	휴식 좀 갖는 거
	산책하는 거
	낮잠 자는 거
	사진 좀 찍는 거
	장을 보러 가는 거
	소풍 가는 거

STEP 02 확장 문장 만들기

	여행하는 거	시카고로
	수영하는 거	수영장에서
	술 마시는 거	오늘밤
	배드민턴 치는 거	나랑
	휴식 좀 갖는 거	당신이 피곤하면
어때요?	산책하는 거	호수 주위를
	낮잠 자는 거	잠깐 동안
	사진 좀 찍는 거	이 건물 앞에서
	장을 보러 가는 거	점심 먹고 나서 바로
	소풍 가는 거	일요일에

What about

traveling
swimming
drinking
playing badminton
getting some rest
taking a walk
taking a nap
taking some pictures
going grocery shopping
going on a picnic

What about		
	traveling	to Chicago
	swimming	in the swimming pool
	drinking	tonight
	playing badminton	with me
	getting some rest	if you feel tired
	taking a walk	around the lake
	taking a nap	for a short time
	taking some pictures	in front of this building
	going grocery shopping	right after lunch
	going on a picnic	on Sunday

STEP 01 **기초 문장** 말하기

어때요?	사이즈는
	날씨는
	당신 음식은
	그거 진행 상황은
어떻게 지내요?	샘은
	짐은
	당신 가족은
	당신 남동생은
	당신은
어떻게 지내세요?	당신 부모님은

STEP 02 **확장 문장** 만들기

어때요?	사이즈는	정말 마음에 들어요
	날씨는	런던
	당신 음식은	마음에 드시나요
	그거 진행 상황은	잘 진행되고 있어요
어떻게 지내요?	샘은	홍콩에 있는
	짐은	그는 괜찮아요
	당신 가족은	부산에 있는
	당신 남동생은	뉴욕에 있는
	당신은	오늘
어떻게 지내세요?	당신 부모님은	요즘

How / is	
	the size
	the weather
	your food
	it coming along
	Sam
	Jim
	your family
	your younger brother
How / are	you doing
	your parents

How / is	the size	Do you love it
	the weather	in London
	your food	Do you like it
	it coming along	Is it going well
	Sam	in Hong Kong
	Jim	Is he okay
	your family	in Busan
	your younger brother	in New York
How / are	you doing	today
	your parents	these days

183

STEP 01 기초 문장 말하기

	휴가는
	수업은
	데이트는
	인터뷰는
어땠어요? / 당신의	파티는
	신혼여행은
	비행은
	새로운 직업은
	소개팅은
	생일 파티는

STEP 02 확장 문장 만들기

	휴가는	하와이에서
	수업은	어제
	데이트는	수잔과의
	인터뷰는	어제 오후
어땠어요? / 당신의	파티는	지난 일요일에
	신혼여행은	시카고로
	비행은	보스턴으로
	새로운 직업은	서울에서
	소개팅은	지난 토요일에
	생일 파티는	지난밤

How / was / your

vacation
class
date
interview
party
honeymoon
flight
new job
blind date
birthday party

How / was / your

vacation	in Hawaii
class	yesterday
date	with Susan
interview	yesterday afternoon
party	last Sunday
honeymoon	to Chicago
flight	to Boston
new job	in Seoul
blind date	last Saturday
birthday party	last night

STEP 01 **기초 문장** 말하기

얼마나 자주 / 당신은	운동해요?
	술 마셔요?
	요리해요?
	외출해요?
	늦잠 자요?
	영화 봐요?
	차로 출근해요?
	당신 머리를 감아요?
	여자 친구에게 문자 보내요?
	패스트푸드점에 가요?

STEP 02 **확장 문장** 만들기

	운동해요?	이 근처에서
	술 마셔요?	당신 남편과
	요리해요?	누군가를 위해
	외출해요?	저녁 먹으러
얼마나 자주 / 당신은	늦잠 자요?	집에서
	영화 봐요?	혼자
	차로 출근해요?	한 달에
	당신 머리를 감아요?	일주일에
	여자 친구에게 문자 보내요?	그녀의 휴대폰으로
	패스트푸드점에 가요?	당신 자녀들과

How often / do you

exercise
drink
cook
go out
sleep in
watch movies
drive to work
wash your hair
text your girlfriend
go to a fast food restaurant

How often / do you

exercise	around here
drink	with your husband
cook	for somebody
go out	for dinner
sleep in	at home
watch movies	alone
drive to work	in a month
wash your hair	in a week
text your girlfriend	on her cell phone
go to a fast food restaurant	with your children

STEP 01 **기초 문장** 말하기

어떻게 / 당신은

자요?
일해요?
거기 가요?
그걸 말해요?
그걸 해요?
돈을 아껴요?
출근해요?
이 음식을 요리해요?
당신 방을 청소해요?
더위를 이겨내요?

STEP 02 **확장 문장** 만들기

	자요?	당신 침대에서
	일해요?	이걸 가지고
	거기 가요?	여기서부터
	그걸 말해요?	영어로
어떻게 / 당신은	그걸 해요?	혼자서
	돈을 아껴요?	매일
	출근해요?	아침마다
	이 음식을 요리해요?	쉽게
	당신 방을 청소해요?	매일 아침에
	더위를 이겨내요?	여름에

pattern_089.mp3

How / do you

sleep
work
go there
say that
do that
save money
go to work
cook this food
clean your room
beat the heat

How / do you		
	sleep	in your bed
	work	with this
	go there	from here
	say that	in English
	do that	on your own
	save money	every day
	go to work	in the mornings
	cook this food	easily
	clean your room	every morning
	beat the heat	in summer

● STEP **01** **기초 문장** 말하기

어떻게 / 내가

이걸 할 수 있어요?
그와 연락할 수 있어요?
그걸 설명할 수 있어요?
살 뺄 수 있어요?
이걸 보낼 수 있어요?
성적을 올릴 수 있어요?
좌석을 예약할 수 있어요?
표를 구입할 수 있어요?
당신을 다시 볼 수 있어요?
이 감기를 이겨낼 수 있어요?

● STEP **02** **확장 문장** 만들기

	이걸 할 수 있어요?	당신 없이
	그와 연락할 수 있어요?	다시
	그걸 설명할 수 있어요?	당신에게
	살 뺄 수 있어요?	단기간에
어떻게 / 내가	이걸 보낼 수 있어요?	그녀에게
	성적을 올릴 수 있어요?	영어에서
	좌석을 예약할 수 있어요?	미리
	표를 구입할 수 있어요?	이 영화
	당신을 다시 볼 수 있어요?	이번 달에
	이 감기를 이겨낼 수 있어요?	약 먹지 않고

190

How / can I

do this
reach him
explain it
lose weight
send this
get better grades
book a seat
get a ticket
see you again
fight this cold

How / can I

do this	without you
reach him	again
explain it	to you
lose weight	in a short period of time
send this	to her
get better grades	in English
book a seat	in advance
get a ticket	for this movie
see you again	this month
fight this cold	without taking medicine

● STEP **01** **기초 문장** 말하기

중요해요	운동하는 게
재밌어요	요리하는 게
힘들어요	춤추는 게
힘들어요	담배 끊는 게
위험해요	혼자 여행하는 게
지루해요	혼자 일하는 게
신나요	게임하는 게
쉬어요	중고차 사는 게
좋아요	단 음식을 줄이는 게
재밌어요	야구 경기 보는 게

● STEP **02** **확장 문장** 만들기

중요해요	운동하는 게	규칙적으로
재밌어요	요리하는 게	요리 교실에서
힘들어요	춤추는 게	젊은 사람들 앞에서
힘들어요	담배 끊는 게	짧은 시간 내에
위험해요	혼자 여행하는 게	여자로써
지루해요	혼자 일하는 게	내 사무실에서
신나요	게임하는 게	내 스마트폰으로
쉬어요	중고차 사는 게	인터넷을 통해
좋아요	단 음식을 줄이는 게	내 건강을 위해
재밌어요	야구 경기 보는 게	TV로

It's	important	to exercise
	fun	to cook
	hard	to dance
	hard	to quit smoking
	dangerous	to travel alone
	boring	to work alone
	exciting	to play games
	easy	to buy a used car
	good	to cut down on sweets
	interesting	to watch baseball games

It's	important	to exercise	on a regular basis
	fun	to cook	in a cooking class
	hard	to dance	in front of young people
	hard	to quit smoking	in a short period of time
	dangerous	to travel alone	as a woman
	boring	to work alone	in my office
	exciting	to play games	on my smartphone
	easy	to buy a used car	through the Internet
	good	to cut down on sweets	for the good of my health
	interesting	to watch baseball games	on TV

STEP 01 기초 문장 말하기

	쌀쌀해서	못 자겠어
	추워서	외출 못 하겠어
	어두워	책 못 읽겠어
	어려워	중국어 못 배우겠어
너무	지루해서	일본어 공부 못 하겠어
	비싸서	여기서 뭔가 못 사겠어
	늦어서	그녀에게 전화 못 하겠어
	더워서	재킷은 못 입겠어
	힘들어	일찍 눈 못 뜨겠어
	좋아서	믿기지가 않아

STEP 02 확장 문장 만들기

	쌀쌀해서	못 자겠어	여기서
	추워서	외출 못 하겠어	오늘
	어두워	책 못 읽겠어	이곳 도서관에서
	어려워	중국어 못 배우겠어	독학으로
	지루해서	일본어 공부 못 하겠어	집에서
너무	비싸서	여기서 뭔가 못 사겠어	더 이상
	늦어서	그녀에게 전화 못 하겠어	그녀 휴대폰으로
	더워서	재킷은 못 입겠어	밤에
	힘들어	일찍 눈 못 뜨겠어	아침마다
	좋아서	믿기지가 않아	난 못 믿겠어

It's / too	chilly	to sleep
	cold	to go out
	dark	to read books
	difficult	to learn Chinese
	boring	to study Japanese
	expensive	to buy something here
	late	to call her
	hot	to wear a jacket
	hard	to wake up early
	good	to be true

It's / too	chilly	to sleep	here
	cold	to go out	today
	dark	to read books	here in the library
	difficult	to learn Chinese	by myself
	boring	to study Japanese	at home
	expensive	to buy something here	anymore
	late	to call her	on her cell phone
	hot	to wear a jacket	at night
	hard	to wake up early	in the mornings
	good	to be true	I don't believe it

● STEP **01** **기초 문장** 말하기

같아요	당신이 맞는 것 그가 올 것 그가 날 좋아하는 것 그녀가 지각할 것 그녀가 날 안 좋아하는 것 그녀가 좀 바쁜 것 비가 올 것 눈이 올 것 내가 나설 준비가 된 것 모든 게 괜찮을 것

● STEP **02** **확장 문장** 만들기

	당신이 맞는 것	이번에는
	그가 올 것	파티에
	그가 날 좋아하는 것	내가 그를 좋아하는 만큼
	그녀가 지각할 것	직장에
	그녀가 날 안 좋아하는 것	더 이상
같아요	그녀가 좀 바쁜 것	설거지 하냐고
	비가 올 것	저녁에
	눈이 올 것	오늘밤
	내가 나설 준비가 된 것	직장으로
	모든 게 괜찮을 것	결국에는

196

It / looks like

you're right
he's coming
he likes me
she might be late
she doesn't like me
she's a little busy
it might rain
it might snow
I'm ready to leave
everything will be fine

It / looks like		
you're right	this time
he's coming	to the party
he likes me	as much as I do him
she might be late	for work
she doesn't like me	anymore
she's a little busy	doing the laundry
it might rain	in the evening
it might snow	tonight
I'm ready to leave	for work
everything will be fine	in the long run

STEP 01 **기초 문장** 말하기

정말	재밌어요?	요리하는 게
	신나요?	여행하는 게
	힘들어요?	술 끊는 게
	좋아요?	혼자 술 마시는 게
	흥미로워요?	농구 하는 게
	위험해요?	혼자 돌아다니는 게
	가능해요?	당신 생각들을 전달하는 게
	중요해요?	결정 내리는 게
	쉬워요?	살 많이 빼는 게
	지루해요?	여기 있는 게

STEP 02 **확장 문장** 만들기

정말	재밌어요?	요리하는 게	당신의 모든 가족을 위해
	신나요?	여행하는 게	당신 친구들과
	힘들어요?	술 끊는 게	어떤 외부 도움도 없이
	좋아요?	혼자 술 마시는 게	집에서
	흥미로워요?	농구 하는 게	운동장에서
	위험해요?	혼자 돌아다니는 게	밤에
	가능해요?	당신 생각들을 전달하는 게	자유롭게
	중요해요?	결정 내리는 게	내일 아침 전까지
	쉬워요?	살 많이 빼는 게	식사를 거르면서
	지루해요	여기 있는 게	우리랑

	fun	to cook
	exciting	to travel
	hard	to quit drinking
	good	to drink alone
Is it /	interesting	to play basketball
really	dangerous	to walk around alone
	possible	to convey your thoughts
	important	to make a decision
	easy	to lose a lot of weight
	boring	to be here

	fun	to cook	for your whole family
	exciting	to travel	with your friends
	hard	to quit drinking	without any outside help
	good	to drink alone	at home
	interesting	to play basketball	on the playground
Is it /	dangerous	to walk around alone	at night
really	possible	to convey your thoughts	freely
	important	to make a decision	before tomorrow morning
	easy	to lose a lot of weight	by skipping meals
	boring	to be here	with us

• STEP 01 기초 문장 말하기

괜찮아요? / 내가	여기 앉아도
	여기 머물러도
	이거 마셔도
	당신에게 나중에 전화해도
	당신 개를 만져도
될까요? / 내가	당신에게 문자 보내도
	시식해도
	집에 가도
	문 열어도
	당신에게 뭔가 물어봐도

• STEP 02 확장 문장 만들기

괜찮아요? / 내가	여기 앉아도	잠깐
	여기 머물러도	일주일 동안
	이거 마셔도	내가 좀 갈증이 나거든요
	당신에게 나중에 전화해도	당신 스마트폰으로
	당신 개를 만져도	잠시
될까요? / 내가	당신에게 문자 보내도	잠시 후에
	시식해도	식품 마트에서
	집에 가도	일찍
	문 열어도	지금
	당신에게 뭔가 물어봐도	이것에 대해

Is it / okay / if I

sit here
stay here
drink this
call you later
pet your dog
text you
try samples
go home
open the door
ask you something

Is it / okay / if I

sit here	for a moment
stay here	for a week
drink this	I'm a little thirsty
call you later	on your smartphone
pet your dog	for a sec
text you	a little bit later
try samples	at a food market
go home	early
open the door	now
ask you something	about this

STEP 01 **기초 문장** 말하기

이건	지루해요
	흥미로워요
	너무 힘겨워요
	감당하기 힘들어요
이분은	제 아버지예요
	제 할머니세요
여기가	그 장소예요
	그 아파트예요
	내가 살았던 곳이에요
	그녀가 일하는 곳이에요

STEP 02 **확장 문장** 만들기

이건	지루해요	그리고 재미없어요
	흥미로워요	내가 보기엔
	너무 힘겨워요	내겐
	감당하기 힘들어요	우리가
이분은	제 아버지예요	캐나다에서 온
	제 할머니세요	시카고에 살고 계신
여기가	그 장소예요	내가 찾고 있던
	그 아파트예요	토니가 최근에 구입했던
	내가 살았던 곳이에요	여름 동안
	그녀가 일하는 곳이에요	제니와

This / is

boring
interesting
too difficult
too much
my father
my grandmother
the place
the apartment
where I lived
where she works

This / is

boring	and uninteresting
interesting	to me
too difficult	for me
too much	for us
my father	from Canada
my grandmother	living in Chicago
the place	that I'm looking for
the apartment	that Tony recently bought
where I lived	for the summer
where she works	with Jenny

STEP 01 기초 문장 말하기

없어요	돈이
	변화가
	정보가
	병원이
	호텔이
	공원이
	잔돈이
	주차장이
	편의점이
	기차역이

STEP 02 확장 문장 만들기

없어요	돈이	내 지갑 안에는
	변화가	내 스케줄에는
	정보가	시애틀에 관한
	병원이	근처에
	호텔이	동네에는
	공원이	이 지역에는
	잔돈이	당신에게 줄 수 있는
	주차장이	장애인용
	편의점이	호텔 뒤에는
	기차역이	이 도시에는

There is / no

money
change
information
hospital
hotel
park
small change
parking space
convenience store
train station

There is / no

money	in my wallet
change	in my schedule
information	about Seattle
hospital	nearby
hotel	in the neighborhood
park	in this area
small change	that I can give you
parking space	for the handicapped
convenience store	behind the hotel
train station	in this city

STEP 01 **기초 문장** 말하기

합시다

일
이거
외출
운동
함께
함께 여행
술 한 잔
산책
제니를 초대
커피 한 잔

STEP 02 **확장 문장** 만들기

	일	함께
	이거	한 번 더
	외출	술 마시러
	운동	헬스장에서
합시다	함께	언젠가
	함께 여행	이번 여름에
	술 한 잔	호텔 바에서
	산책	호수 주위를
	제니를 초대	우리 파티에
	커피 한 잔	점심 식사하고 나서

Let's

work
do this
go out
work out
get together
travel together
have a drink
take a walk
invite Jenny over
drink a cup of coffee

Let's		
	work	together
	do this	one more time
	go out	for a drink
	work out	at the gym
	get together	someday
	travel together	this summer
	have a drink	in the hotel bar
	take a walk	around the lake
	invite Jenny over	to our party
	drink a cup of coffee	after having lunch

● STEP **01** **기초 문장** 말하기

할게요 / 내가

운전
노래
요리
샘에게 전화
그거
당신에게 문자
그걸 확인
당신 집을 방문
집 청소
당신 컴퓨터 사용

● STEP **02** **확장 문장** 만들기

	운전	당신 대신에
	노래	당신과 함께
	요리	당신 위해 아침을
	샘에게 전화	그의 휴대폰으로
할게요 / 내가	그거	다시
	당신에게 문자	이 모임 끝난 후에
	그걸 확인	지금 당장
	당신 집을 방문	오후에
	집 청소	퇴근 후에
	당신 컴퓨터 사용	잠시만

Let / me

drive
sing
cook
call Sam
do that
text you
check it out
visit your place
clean the house
use your computer

Let / me

drive	for you
sing	with you
cook	breakfast for you
call Sam	on his cell phone
do that	again
text you	after this meeting is over
check it out	right now
visit your place	in the afternoon
clean the house	after work
use your computer	for a moment

209

● STEP 01 **기초 문장** 말하기

마

술 마시지
가지
걱정
불평하지
잊지
그거 사지
두려워하지
언짢아하지
지각하지
그렇게 초조해하지

● STEP 02 **확장 문장** 만들기

마

술 마시지	더 이상
가지	거기
걱정	그것에 대해
불평하지	네 직업에 대해
잊지	날
그거 사지	날 위해
두려워하지	실수하는 거
언짢아하지	네가 한 것에 대해
지각하지	학교에
그렇게 초조해하지	네 테스트 결과들에 대해

pattern_100.mp3

Don't

drink
go
worry
complain
forget
buy that
be afraid
be upset
be late
be so nervous

Don't

drink	anymore
go	there
worry	about that
complain	about your job
forget	me
buy that	for me
be afraid	of making mistakes
be upset	about what you did
be late	for school
be so nervous	about your test results

0순위

왕 초 보
패턴100

MEMO

MEMO

MEMO

MEMO

MEMO

MEMO

MEMO

MEMO